Helios Herrera
Alcanza tus sueños

Cómo proponerse metas y lograrlas

SELECTOR®
actualidad editorial

Doctor Erazo 120, Col. Doctores, C.P. 06720, México, D.F.
Tel. (01 55) 51 34 05 70 • Fax (01 55) 51 34 05 91
Lada sin costo: 01 800 821 72 80

Título: ALCANZA TUS SUEÑOS
Autor: Helios Herrera
Colección: Superación personal

Diseño de portada: Socorro Ramírez Gutiérrez
Ilustración de portada: iStockphoto

D.R. © 2004. Primera edición: Helios Fernando Herrera Martínez.
D.R. © 2004. Helios Herrera Consultores, S.C.

D.R. © Selector, S.A. de C.V., 2013
 Doctor Erazo 120, Col. Doctores,
 Del. Cuauhtémoc,
 C.P. 06720, México, D.F.

ISBN: 978-607-453-142-8

Primera edición: junio 2013

Sistema de clasificación Melvil Dewey	
131 H55 2013	Herrera, Helios *Alcanza tus sueños* / Helios Herrera; Ciudad de México, México: Selector, 2013 152 pp. ISBN: 978-607-453-142-8 1. Superación personal. 2. Psicología popular. 3. Bienestar, éxito, felicidad.

Características tipográficas aseguradas conforme a la ley.
Prohibida la reproducción parcial o total de la obra
sin autorización de los editores.
Impreso y encuadernado en México.
Printed and bound in Mexico.

ÍNDICE

AGRADECIMIENTOS 7
PRÓLOGO 13
INTRODUCCIÓN 17
LO ABSURDO DE LA PALABRA "HUBIERA" 21
LA REALIDAD... AQUÍ Y AHORA 27
TODO SE VALE 33
TENEMOS LO QUE MERECEMOS 43
EL ÉXITO 53
    1. Simplemente creyeron sus sueños como realidades 64
    2. No reconocieron "locura" o "desatino" en sus proyectos 64
    3. No se detuvieron ante las dificultades y creyeron en ellos mismos ... 65

LAS MATEMÁTICAS NO SIEMPRE SON EXACTAS 67
LO PRIMERO QUE NECESITARÁS SERÁ DEFINIR TU SUEÑO 73
EL GENIO INTERNO 81
EL "LENGUAJE GENIO" 83
    La estructura conceptual del genio 85
    El tipo de deseos que sabe cumplir 88

TENER, SER Y HACER 93
    Todo lo que siempre he querido tener 98
    Todo lo que siempre he querido hacer 102
    Todo lo que siempre he querido ser 103

ESTILO DE VIDA "A" Y ESTILO DE VIDA "B" 105
    Necesidades económicas del estilo de vida "A". 109
    1. Gastos mensuales de sobrevivencia............................ 110
    2. Gastos familiares mensuales 111
    3. Gasto mensual de transportación 112
    4. Gasto mensual de representación 113
    5. Diversiones y vacaciones 114
    6. Otros gastos mensuales..................................... 114
    7. Gastos afectivos (regalos y fiestas) prorrateado entre 12 meses 115

LAS PROPIAS METAS IMPULSAN METAS......................... 123
    Pasos de la fijación de metas 124
    1. Definir clara y específicamente, ¿cuál es la meta? 124
    2. Definir en qué tiempo límite se debe cubrir 126
    3. Establecer compromisos y precio a pagar 128
    4. Estructura un plan de trabajo con diferentes objetivos............ 132
    5. Programa a tu genio 136

PASOS PARA LA PROGRAMACIÓN DE TU GENIO 141
    Un motivo... un ¿para qué?...................................... 146

SEMBLANZA DEL AUTOR.. 149

*A ella, a quien le bastaba
con que yo creyera que podría
lograr algo, para creer también
que podría lograrlo*

Mi abuela

A Cielo, Mariana, Helios e Ilán:

*Quienes son mi mejor sueño
y el combustible de todos los demás.*

Madre:

Sé que soy parte integral de tus sueños... gracias.

Homero, Rafa, Mauricio, Eduardo, Luis, Carlos, Klaudia y a todo el equipo de HHConsultores:

Ustedes han sido "víctimas" y "cómplices" de mis mejores sueños.

A las más de 2'000,000 de personas que han participado en mis cursos, seminarios y conferencias, durante los últimos 24 años: sin saberlo, han sido ingredientes fundamentales de la construcción de mis sueños, gracias por el aprendizaje.

PRÓLOGO

Desde un maravilloso lugar en donde la gente realista puede encontrar duendes, hadas y cascabeles atrayendo la paz, y en donde se puede habitar en castillos de arena, te saludo con mis mejores deseos, siguiendo la regla de oro que dice: "Desea para otros lo que deseas para ti mismo".

Hasta este remoto lugar secreto llegó, inesperadamente, como las cosas que son regalos de la vida, un escrito. Tenía por título: *Alcanza tus sueños*.

Conste que aquí, en este lugar, mi lugar, no entra cualquier cosa ni cualquier persona, por mucho que lo desee. Deberán ser seres que estén vibrando en un nivel de conciencia especial.

Y cuando te das cuenta de que lo que ahí está escrito puede beneficiar a mucha gente y convertir a otros en amos de un genio, es entonces que das gracias al Creador porque existen personas que piensen y escriban así.

Muchos de ustedes, los más serios, los que se creen más importantes, pensarán: "Todas estas cosas son locuras, están bien para una noche de desvelo". Pero tú, el más escéptico, creeme y vive lo que dice este libro y sólo entonces tu opinión será válida, no antes.

Ahora vamos a platicar como iguales: lo que pasa es que no nos han enseñado a usar el lado derecho del cerebro. Sí, este lugar, en donde puede existir todo lo que arriba menciono, es el lugar de la fantasía, de la creatividad, de la innovación, de la imaginación, de las genialidades; cuando se aprende a usar este lado del cerebro, suceden cosas maravillosas.

En la cultura occidental se nos enseñó, en un porcentaje casi total, a usar sólo la parte izquierda del cerebro; a través de la historia, sólo los grandes genios han usado, intuitivamente, el lado derecho, de ahí las investigaciones, la literatura, los descubrimientos, el arte universal, etcétera.

Qué alegría me da que los jóvenes puedan llegar a influir y a mostrar el camino a mucha gente que no ha tenido la oportunidad de lograr "algo". Muchas veces, estas personas están incómodas y no saben qué les pasa. No se plantean ni el misterio de que alguien los tiró para este mundo y, de momento, abren los ojos y en un principio de madurez se preguntan: ¿qué es esto, qué hago aquí y para qué? Eso es lo elemental, hay quien no piensa ni se interroga de más y hay quien piensa de más y, cuando menos, se lanza a la búsqueda...

Es entonces cuando aparecen en la vida seres muy especiales, guías, señales, que se han dado cuenta de que su labor es, precisamente, ayudar a otros, conducirlos a su plenitud y, no sólo eso, sino que les muestran cómo.

Es un honor para mí presentar a uno de esos seres magníficos, Helios, quien, de entrada, tiene un nombre que representa fuerza, vida, energía y calor. Él, con su magia, penetró en el camino del genio. Ahí en donde sólo habitan los que se esfuerzan para crecer y dar los tesoros que encuentran a todos los que quieran vivir mejor y ser más felices.

Cuando lo conocí era un muchacho muy inquieto, nervioso, lleno de una curiosidad intensa por saber y conocer todo. Hacía que uno sonriera al ver tanta presunción a tan corta edad.

Tiempo después, me encontré con ese mismo muchacho, pero algo había pasado. Presentaba las mismas características, sólo que era diez centímetros más alto. Nadie imagina lo difícil que es crecer sin dejar de ser ese niño maravilloso que un día fue, lleno de inquietudes, curiosidad y energía.

Helios prendía a los muchachos que lo escuchaban. Los hacía despertar a la vida, ya que muchos de ellos estaban dormidos, yo lo vi, lo escuché y su voz se fundía con alguna sinfonía que había puesto de fondo. Su voz crecía con las notas musicales y de sus poros brotaban rayos punzantes; ninguna conciencia podía quedarse indiferente al presenciar ese espectáculo. Era como estar en un lugar de luz y sonido. En ese lugar, que tú puedes imaginar, pero jamás pisar, hasta que crezcas.

Helios había cruzado la línea del horizonte para llegar a lo más secreto en donde habitan los seres que se olvidan de sí mismos para conducir a la humanidad. Y yo te repito, lee, pero sobre todo haz lo que dice este libro y trata de llegar a ese lugar magnífico en donde sí se puede habitar.

En un día fuera del tiempo
Marina D. Buzali

INTRODUCCIÓN

Un libro más en la biblioteca, ¿por qué?, ¿qué puede llegar a justificar la existencia de esta nueva obra? Muchos son los libros referentes a la motivación, otros tantos a la superación y mejoramiento del factor humano y cientos más, al estudio y optimización de las aptitudes y actitudes mentales. Los autores son incontables y, de un tiempo a la fecha, el catálogo de opciones en literatura motivacional es francamente abundante en cualquier librería... ¿Por qué uno más?

La respuesta a esta interrogante es sencilla: a lo largo de más de 24 años de trabajo en grupos de Desarrollo Humano y Crecimiento Personal, he tenido la oportunidad de conocer y compartir con más de 2'000,000 de personas, entre las cuales no he encontrado a una sola realmente satisfecha a plenitud, con lo que tiene, con lo que es o con la mezcla de ambas variables. Aun los más exitosos quieren más. La gran mayoría, aparentemente, está dispuesta a hacer algo por mejorar su estilo de vida y a aumentar la calidad y cantidad de sus logros en ella.

Por otro lado, la gran oferta de literatura motivacional, en su mayoría, está diseñada bajo la misma propuesta: platicar la vida de un personaje ficticio y, a través de metáforas (muy bellas en muchos casos), invitar a que el lector se vaya, primero, identificando voluntariamente con él o los personajes fantásticos, para después irse sensibilizando ante la realidad de los mismos, con el objetivo de que al final sea capaz de relacionar la metáfora o la moraleja en su cotidiano devenir, y en el ideal de los casos genere cambios actitudinales y conductuales a futuro.

De ninguna manera quiero hacer una crítica a estas obras literarias. Inclusive, deseo manifestar mi agradecimiento personal a todos esos autores que tienen la capacidad de convertir la fantasía en realidad; personalmente no podría imaginar el buró junto a mi cama sin algún ejemplar de Richard Bach, Napoleón Hill, Lara Castilla o cualquier otro "poeta" del Desarrollo Humano y el Crecimiento Personal.

Pero en la lectura de este tipo de obras he encontrado un grave problema en cuanto a los resultados reales de aplicación que puede obtener el lector: las parábolas son preciosas, los personajes conquistan el alma y la atención, pero llegan a ser tan bellas las estructuras literarias, tan exquisita su lectura que, o bien el lector supone que es tan sólo una bella historia, o no alcanza a darse cuenta de que es de su vida de la que hablan, o incluso, provocan reflexiones de vida muy profundas, pero en pocas ocasiones proponen estrategias de aplicación práctica que proporcionen beneficios sólidos y cuantificables a quien las lee.

Pues bien, *Alcanza tus sueños* es una guía práctica hacia el mejoramiento de tu estilo de vida, no sólo un libro motivacional que deje un buen sabor de boca, no solamente un compendio de técnicas administrativas que permitan una adecuada planeación y desarrollo de actividades en vía del logro de metas, sino una opción real, decisiva, que permita descubrir y poner en práctica todas las capacidades, actitudes y aptitudes, elementos que toda persona posee para aplicarlos prácticamente en la adquisición progresiva de tus metas.

Posiblemente, en esta obra extrañes el tono fantástico y sublime de algunas obras maestras en materia motivacional, a cambio, te ofrezco hablarte, cara a cara, con verdades contundentes y en la forma más directa que me sea posible.

Mi intención nunca será deleitarte con la lectura de estas líneas. Dejo esa tarea a los grandes maestros de la motivación poética, es más, muy probablemente cientos de ejemplares de este libro estén condenados a adornar un librero como objetos abandonados, estériles e inertes, mucho antes de haber sido leídos en su totalidad.

Por otro lado, lo anterior carece de importancia, ya que el compromiso de la práctica de los consejos que aquí encontrarás es sólo tuyo, y los beneficios que puedas obtener al aplicarlos en tu vida los disfrutarás tú, o te los perderás sólo tú.

¿Piensas que exagero? De acuerdo con estudios realizados por compañías aseguradoras del mundo entero, de cada 100 personas que alcanzan la edad de 65 años sólo dos habrán alcanzado una independencia económica que les permita acrecentar, o por lo menos mantener, el nivel de vida al que estuvieron acostumbrados durante sus años productivos.

Noventa de estas 100 personas se convierten en seres dependientes de sus familiares o de instituciones gubernamentales, y ocho más todavía cuentan con algunas capacidades para poder, precariamente, seguir siendo productivos y satisfacer ellos mismos sus necesidades primordiales.

Si tú, estimado lector, al terminar de leer lo anterior piensas que cuando cumplas 65 años habrás, junto con otra persona en tu propio grupo "de los 100", hecho lo necesario para gozar de independencia financiera, ¡felicidades!, puede ser que los conceptos que en este libro se exponen te sean sumamente familiares.

Si por otro lado, al terminar de leer y comprender la estadística que te propuse, consideras que dos lugares en tu "grupo de 100" son muy pocos y que, probablemente, y de acuerdo con tu propia situación actual, será muy difícil que llegues a los 65 con tu vida económica resuelta: ¡no puedes darte el lujo de abandonar la lectura de este libro antes de poner en práctica y probar los conceptos que en él encontrarás!

El concepto *Alcanza tus sueños* te ayudará a trabajar en tres facetas: por un lado, redescubriendo las potencialidades que tienes y que has o no desarrollado a lo largo de tu vida pasada, y, por otro lado, estableciendo bases sólidas y fuertes en tus decisiones y planes en el aquí y en el ahora, para, por último, ahondar en el diseño y construcción de la plataforma que proyecte tus sueños hacia el futuro.

Encontrarás que la mayor parte del libro tratará sobre ese futuro, tus ilusiones, sueños, metas y anhelos, analizando las formas prácticas de incidir en su consecución; sin embargo, antes de entrar a trabajar en ese terreno, deberás estar dispuesto a cambiar algunos hábitos, ideas y "programaciones" erróneas que has podido "comprar como verdad" en tu pasado y aceptar como únicas alternativas en tu realidad actual.

Las cifras de libertad financiera de las compañías de seguros, de las que te hablé antes, establecen simplemente un marco de referencia, y aun cuando la faceta económica no sea la más importante para un individuo es, por mucho, la más cruda, ya que incide determinantemente en todas las demás. No podríamos trabajar efectivamente en tus sueños más profundos, si no establecemos primero la base económica que sustente tu aquí y tu ahora, por lo que gran parte de este material estará enfocado a mejorar primero tu economía y, en forma paralela, otro tipo de sueños y metas.

No será fácil porque "remamos contra la corriente", ya que en el pasado has tenido la capacidad de soñar, y en varias ocasiones has intentado convertir tus sueños en realidades fracasando por diversos factores. Estos descalabros han dejado huellas y callosidades importantes que no podemos pasar por alto, ya que forman parte integral de tu realidad (aquí y ahora); de tal forma que afectarán tu actitud y tus respuestas conductuales ante las reflexiones y consejos aquí escritos. Aun cuando más adelante destinaremos un capítulo para tratar de disminuir el impacto de tales huellas, me gustaría iniciar con una breve consideración:

LO ABSURDO DE LA PALABRA "HUBIERA"

Antes de empezar a trabajar con tus sueños, creo importante señalar que no tiene ningún caso seguir viviendo en la frustración o en la culpabilidad que provoca el no haber hecho aquello que debiste hacer o querías hacer, cuando, justamente, no lo hiciste.

Conozco a miles de personas que en la primera mitad de su existencia no se atrevieron a hacer un esfuerzo consciente y profundo por poner en práctica sus ideas, no aceptaron pagar el precio de sus proyectos, o flaquearon en el momento de tomar la decisión que les permitiera aprovechar las oportunidades que se les presentaban. En lo que llevan de la otra mitad de la vida, no hacen más que desperdiciar las nuevas oportunidades que la vida misma les propone por estar pensando y lamentándose miserablemente de haber desperdiciado las anteriores.

Cabe mencionar que la reflexión anterior encierra importantes y profundos elementos de trascendencia y que no sólo es un párrafo obvio.

Para la mayoría de la gente, esto de la autocompasión es verdaderamente muy cómodo. Si lo analizamos fríamente, las personas que ocupan su tiempo en lamentarse por aquellos "si yo hubiera" del pasado, están desperdiciando su presente, sembrando así los "si yo hubiera" que les permitan justificar su situación y mediocridad en el futuro, acelerando un círculo vicioso.

Llega el momento en que esta clase de persona cree que con una fuerte y bien cimentada dosis de culpabilidad tiene derecho a "vivir tranquilamente".

Si bien es cierto que él mismo es el culpable de su situación presente que fue provocada en el pasado, siempre será más cómodo "irla pasando", autocompadeciéndose, que provocar un cambio en las causas de su situación futura.

Además, si intentara cambiar positivamente y, "por azares del destino", sus proyectos no tuvieran éxito, ya no contaría con el excelente pretexto de la culpa para justificar ante los demás y ante sí mismo su derrota.

En otras palabras, intentar algo implica estar dispuesto a pagar el precio de lograrlo. Si no se es capaz de esforzarse verdaderamente, de dejar de lado aquellos malos hábitos tan arraigados y enfrentarse a la flojera, apatía o falta de persistencia —elementos todos que son sinónimos de trabajo desgastante, creatividad y productividad—, la palabra "hubiera" siempre será un salvador adecuado para justificarnos.

Buscar culpables también suele ser una excelente manera de perder el tiempo. La capacidad creativa de aquellas personas incapaces de pagar el precio por lo que quieren es ¡verdaderamente sorprendente!

Tú y yo contamos con una creatividad privilegiada para inventar excusas o para encontrar culpables a quienes atribuirles nuestras situaciones adversas: "yo no sabía", "fui y estaba cerrado", "no me dijeron por dónde", "es que yo no sé", "simplemente lo intenté", "es que no se puede", "cómo... ¿era para hoy?", "¿acaso no te dije que lo hicieras?", "bueno, pero ahorita", "será mañana porque hoy juega la selección nacional", "es que no pasó el camión", "no pensé que fuera importante", "¡ah, qué flojera!", "je je je je je", "me quedé dormido", "fue sin querer", "¿cómo?, ah, no", "¿qué, que hay que hacerlo a diario?", "es que no me di cuenta", "¿qué no ya estaba usado?", "es que me duele la cabeza", "¡bueno... pero a mí me gusta!", "es que se me cayó", "a mí no me toca", "perdí el archivo", "¿no recibiste el correo?"...

O probablemente sea el jefe, el gobierno, la religión, el psicoanalista, la suegra, la suerte, la época que nos tocó vivir, el vecino, el Tratado de Libre Comercio, la crisis, el maestro que no me quiere, el 11 de septiembre de hace un montón de años, los bloqueos y movilizaciones sociales de la izquierda, mi compañero de trabajo, el compadre, el patrón que me tiene mala voluntad, el taxista, el desgraciado cuñado, o cualquier otro ente de entre los miles de personas que siempre resultan ser extraordinarios conejillos a quienes responsabilizar de nuestro no-éxito, y que vienen a ser algo así como "los villanos de la novela" que, sin duda, salen todos los días de sus respectivas casas con el único fin de sabotear los proyectos y metas de "los pobrecitos de nosotros". ¡Es más!, en este mismísimo instante, bien podría ser el estúpido autor de este libro el responsable de tu falta de resultados.

De tal suerte que siempre resultamos ser "las sufridas víctimas" de la película de nuestras vidas: "ay, nosotros los pobres", "finalmente tenía razón mi mamá..." "nací para maceta y estoy en el corredor", "sufrir me tocó a mí en esta vida, llorar es mi destino hasta morir", "ni modo, tendré que conformarme".

Para serte franco, estoy tratando de hacerte enojar. Mi interés primordial, en este momento, es que tires o rompas este libro en un desenfrenado acto de indignación. Después de todo, no pagaste el importe de este texto para que ningún "disque escritor" que se oculta detrás de sus letras te hable en ese tono, ¡ah!

¡Hola de nuevo! Así que decidiste continuar con la lectura de tu libro *Alcanza tus sueños*, ¡extraordinario!, sólo espero que no lo hayas dejado mucho tiempo en el cesto de basura u olvidado en el librero.

Si estás leyendo estas líneas, quiere decir que no estás dispuesto a que "todas esas malas personas" sigan siendo las responsables de tu vida y de la manera en que la vives.

Así pues, hemos comenzado por buen camino, contamos ya con el verdadero y fuerte deseo de cambiar. Y, sinceramente, quiero felicitarte por ello. A decir verdad, no todas las copias que se publiquen de este libro van a ser leídas completamente, puedo asegurarte que muchas copias fueron compradas sólo para que su dueño pudiera presumir a su esposa o amigos más cercanos que ya está haciendo algo por mejorar su situación. Estoy tristemente consciente de que muchas copias de este libro están destinadas a vivir bajo el brazo de personas mediocres que se conformaran con la portada y no con el contenido del mismo. Y, tristemente también, acepto que esas personas usarán ese ejemplar sólo como excusa o justificación para no ponerse a trabajar en sus metas, ya que la supuesta lectura del mismo "les quitará mucho tiempo".

Sé también que un buen número de personas al leer esto asentirán con la cabeza pensando "cuanta razón tiene", y no sólo leerán completos los conceptos de este libro, sino que hasta subrayarán lo que consideran más importante, pero jamás se atreverán a poner en práctica dichos conceptos, ya sea por temor o apatía, o porque los considerarán demasiado obvios como para intentarlo siquiera.

Pero felizmente estoy seguro de que a ti, que demuestras interés al seguir con esta lectura, te ayude a "dudar" de la veracidad de su contenido y a poner en práctica lo aquí escrito con el afán de simplemente comprobarlo, o el interés contundente de mejorar tu estilo y calidad de vida.

Y éste es justo el primer favor que te pido para poder trabajar juntos en los resultados positivos de tus planes, "no creas absolutamente ninguna palabra de lo que aquí está escrito"... en cambio, pon en práctica los conceptos, investiga si éstos funcionan en tu vida, cerciórate de que sean verdaderos y productivos antes de creerlos. Te puedo asegurar que si los crees antes de ponerlos en práctica, simplemente no funcionarán.

"Un tonto da por hecho lo que un sabio investiga."
¡Empecemos!

LA REALIDAD... AQUÍ Y AHORA

Miles y miles de personas vegetan en la vida rutinariamente; se levantan por la mañana (o a medio día), ponen alguna cosa en su estómago, tristemente, van hacia su trabajo, checan una tarjeta en el reloj y, parsimoniosamente, hacen como que trabajan hasta que felizmente, pero con poco entusiasmo, transcurren las horas del suplicio y vuelven a checar la salida en la tarjeta del viejo reloj.

Se dirigen a su casa en donde encontrarán a su familia, y después del rutinario pliego de quejas por parte de la esposa, "que si los niños esto, que si subió la luz, que ya no alcanza el dinero", etcétera, harán lo posible por poner más de "alguna cosa" en su estómago para disponerse a la mejor y más apasionante experiencia del día... ver la televisión.

Al terminar el último programa del día, luego de haber pasado más de tres horas cambiando continuamente de canal, prosiguen con la acostumbrada y apasionante actividad conyugal... la discusión del día. Y sólo en caso de que no se encontraran pretextos para discutir, y si es que quedara un poco de energía, quizá, pero muy a su pesar, medio disfrutarán de algunos instantes de rutinaria actividad sexual. Ni bien haya concluido ésta última, quedarán profundamente dormidos para despertar a la maravillosa y emocionante... rutina del siguiente día.

Estas personas, aparentemente son felices, o al menos eso es lo que les gusta pensar. Nacen, crecen, se reproducen y mueren: "Pedro Pérez nació en algún día de algún mes de hace muchos años, apasionadamente vivió su rutinaria existencia hasta que murió en 1990, fue enterrado dolorosamente el pasado 1 de diciembre de 2012.

Doloroso, ¿no te parece? Doloroso que miles de personas vivan muertas en vida, habiendo muerto junto con sus sueños y fantasías cuando aquella rebeldía juvenil dejó de latir con suficiente fuerza en sus corazones como para poner remedio a tantos y tantos problemas.

¿Cuánta gente que conocemos tú y yo viven o vivieron así? ¿En qué momento la fantasía, el deseo y la esperanza se esfumaron del corazón de esas personas?, deshabitando aquella casa limpia, feliz, sana y productiva que es la mente humana.

Porque eso es la mente humana, una casa limpia, feliz, sana, productiva. Déjame ponerlo de esta forma: El estado normal de un cuerpo es la salud, es decir, un cuerpo no es enfermo, se enferma. El estado natural de una familia es la armonía, una familia no es conflictiva, se hace conflictiva. El estado normal de una habitación es la limpieza y el orden, es decir, no es sucia y desordenada, sino que se ensucia y desordena.

Pues bien, el estado natural de nuestra mente, para lo que fue diseñada, es la salud, su estructura básica son el bienestar, el crecimiento, la felicidad, la productividad y la alegría.

Basta ver el comportamiento libre y espontáneo de los niños, simplemente son, viven de acuerdo con su estructura mental, sienten, expresan sus sentimientos, SUEÑAN, persisten, se divierten, investigan y en cada cosa, aparentemente trivial, descubren un mundo lleno de mágicas posibilidades, asombro y éxtasis.

Con el paso del tiempo van aprendiendo a mentir, a manipular, a conformarse, a obedecer patrones de conducta, tal vez necesarios, pero castrantes. En el camino, a cambio de una "buena educación", de la posibilidad de adaptarse exitosamente a un mundo gris y mediocre, pierden —perdemos— nuestra esencia. Las "buenas costumbres" y el "se debe hacer así", buscan alojamiento como inquilinos en el edificio del cerebro, y al no encontrar fácil albergue, entablan una batalla contra las capacidades e instintos felices que ahí viven. Al principio, la batalla es fácil para estos últimos al no entender de convencionalismos absurdos, simplemente no dan tregua.

Pero al intervenir los grandes abogados externos (papá, mamá, hermanos, etcétera) la criatura empieza a ceder, la palabra "NO" comienza a tener sentido a fuerza de repetirla, hasta que tristemente los nuevos inquilinos van ocupando la mayor parte de la casa, dejando relegados a sus dueños a vivir en el traspatio.

Los verdaderos dueños de la casa, en esta covacha mental, alcanzan a desarrollarse con la poca alimentación que reciben, aun cuando en la adolescencia están hartos y pretenden revelarse, gente bien intencionada se encarga de remitirlos nuevamente a "su sitio" a cambio de "jugar" en un mundo estricto y previamente diseñado, de tal suerte que se circunscriben al único espacio que tienen disponible: el inconsciente, y eventualmente, como energía sísmica brotan en destellos, en erupciones de buenas intenciones, hasta que cansados de no recibir respuesta alguna se conforman a vivir en el papel de "voz interna", con algunos tenues borboteos de presencia de vez en vez... dejamos de soñar.

En el momento mismo en que el hombre deja de soñar, en el instante en que le permite a la cordura ocupar aquel espacio mental y, a fuerza de fracasar, deja de intentar, aunándose a esto la influencia de aquellos seres que han dejado de soñar mucho tiempo antes que nosotros. Aquellos quienes cansados de intentar se conformaron con medio vivir, hasta que perdieron el valor y empezaron a agonizar dejando de aferrarse a sus ideales, resignándose a morir en vida. Dejaron aquella casa limpia, feliz, sana y productiva que era la mente humana lista para ser ocupada por el hastío, la apatía y la mediocridad.

¡Felicidades!, acabas de ganar el juicio de desahucio, esos inquilinos indeseables que nunca pagaron alquiler alguno, han perdido la batalla. Tienes órdenes superiores de desalojarlos de tu palacio, y verdaderamente tienes el deber de hacerlo.

Sueños, ilusiones, fantasías, alegría, amor:
¡recuperen su vivienda dentro de la mente de mi lector!

Esta mente humana que te pertenece, todavía es la excelente casa limpia, feliz sana y productiva que necesitan tus sueños y esperanzas, invítalas a visitarla y, después, a habitar en ella.

Aunque el proceso no será fácil es estupendamente atractivo. El camino será hasta doloroso, ya que una vez fuera, tendrás que darte a la tarea de reconstruir las paredes, tirar los adornos, remodelar la sala y el vestíbulo y cambiar algunas instalaciones de las que tus "inquilinos" echaron mano y que habrá que renovar, sencillamente, porque reconstruirlas sería muy costoso y casi imposible: tendremos que generar nuevos hábitos de pensamiento y conducta.

Pero la tarea aunque ardua es factible, y no tengo que hablarte de los grandes hacedores de la historia, no tengo que documentar mis palabras con la biografía de los famosos. Tú mismo conoces gente que se ha dado a la tarea de recuperar su "edificio", limpiarlo y remodelarlo, te hablo de un pequeño grupo de personas decididas, que van por el mundo "dándose la gran vida", un selecto y feliz grupo de mortales dispuestos a sonreír con más frecuencia que a dibujar un mal ceño en su rostro, dispuestos a dar más amor que odio. Y no es gente lejana, en tu realidad sé que puedes distinguir fácil y claramente a algunos de ellos.

Estas personas que han avanzado en su camino, rápida y decisivamente, son gente que logra en cuatro o cinco años lo que miles de personas nunca alcanzan siquiera a conocer en toda su vida.

Te invito a recordar, amigo lector, trae a tu memoria por lo menos tres ejemplos de este segundo grupo de personas, estoy seguro de que tienes inclusive más, ubícalos en tu memoria. Tres personas que cuenten con la liquidez financiera que tú anhelas, que tengan además la familia que te gustaría igualar, en fin, tres modelos que, de acuerdo con tu juicio y percepción, están satisfechos con lo que son, tienen y hacen.

O por lo menos, tres ejemplos de personas que sean, tengan o amen lo que hacen, de manera tal, que a ti mismo te satisficiera ser como ellos. Tres personas a las que te gustaría parecerte de alguna forma. Inclusive, si te ayuda en algo, cierra el libro unos cuantos minutos para encontrar en tu memoria a estos tres modelos...

Ahora, te voy a platicar algunas cosas de esas tres personas:

No son "suertudos", no heredaron nada, trabajan con alegría y aman lo que hacen, toman tiempo para sí mismos y para sus familias, y lo más importante, algo que seguramente no sabes de ellos:

**No están conformes ni con lo que son,
ni con lo que tienen.**

**Pueden estar satisfechos,
pero no conformes.**

Despiertan, día con día, con el deseo de ser mejores de lo que fueron el día anterior y, cada día, consciente o inconscientemente, reafirman su compromiso con la vida y con ellos mismos por alcanzar nuevos y apasionantes retos e ideales.

Pero lo más importante: no tienen ninguna capacidad, ninguna aptitud, ninguna cualidad que tú no poseas o *puedas desarrollar.*

La diferencia entre ellos y tú es que ellos han desarrollado más fuertemente esas capacidades o aptitudes y si estás dispuesto... tú también puedes desarrollarlas, día con día, con paciencia, pasión, decisión y alegría, y en el camino, pegarte una divertida bárbara.

Puedes empezar a ser causa... los efectos llegarán solos.

TODO SE VALE

Tú no "tienes que" nada..., ¡pero puedes todo!

El promedio de vida en la mayoría de los países latinoamericanos alcanza los 75 años, lo que nos permite suponer que en caso de que no tiemble, haya huracanes, nos maten en un asalto o nos resbalemos con una cáscara de plátano con mucha puntería, estaremos vivos en este planeta por un razonable espacio de tiempo. Si a este promedio aunamos disciplina y buenos hábitos posiblemente rebasemos los 85 años. ¡85 años!, ¡guau, son muchos años!, pero reflexionemos por un momento: ¿cuántos años vamos a estar muertos?, alguna vez me contestaron "toda la vida", efectivamente, será a partir del día en que te mueras en adelante y para siempre.

Por otro lado, por el momento la vida más allá de la vida, la reencarnación o alternativas como el paraíso no tienen base científica que los fundamente, por lo que hasta ahora las creencias en estas expectativas son sólo actos de fe, ideas personales muy respetables.

Sin tratar de ofender tus creencias personales, consideremos que es ésta y sólo ésta la única oportunidad de vivir que tenemos, después de todo; en caso de que existieran otras vidas más allá, ésas también serían las únicas en ese momento, y a mí me gusta creer que este solo día, hoy, es realmente mi única posesión de tiempo.

Si pusiéramos juntos los años que vamos a estar vivos, ¡85!, contra los que estaremos muertos, nos daríamos cuenta de que la vida es un espacio muy pequeñito de tiempo en el que, afortunadamente, no nos dan nada hecho, por el contrario, representa la oportunidad de hacer algo, y hacerlo bien, disfrutarlo al máximo y compartirlo en la medida de lo posible. El tiempo avanza demasiado rápido y con más sigilo del que quisiéramos, simplemente no nos damos cuenta lo rápido que se nos va... "Las canas tienen la pésima costumbre de salir una por una" y nos percatamos de su presencia sólo después de ver muchas juntas en el mismo lugar. La vida, nuestra única posesión de tiempo, ese recurso natural no renovable, simplemente se consume constantemente, segundo a segundo, sin que tú o yo podamos hacer otra cosa que aprovecharla o desperdiciarla.

Además, y por si fuera poco, la vida se puede ir en cualquier instante. En muchas ocasiones olvidamos esta verdad, la vida es muy corta. Nos ocupamos tanto en ganar nuestra carrera contra la economía, alcanzando al galgo de la ambición, que descuidamos otro tipo de detalles verdaderamente importantes como cuidar de la familia, comer y disfrutar más galletas, escribir un "te quiero" en un pedazo de papel o darnos tiempo para contemplar un atardecer.

Imagina que el siguiente rectángulo equivale a la cantidad de años que vas a estar vivo, y que representa absolutamente todo el tiempo del que dispones para disfrutar tu existencia:

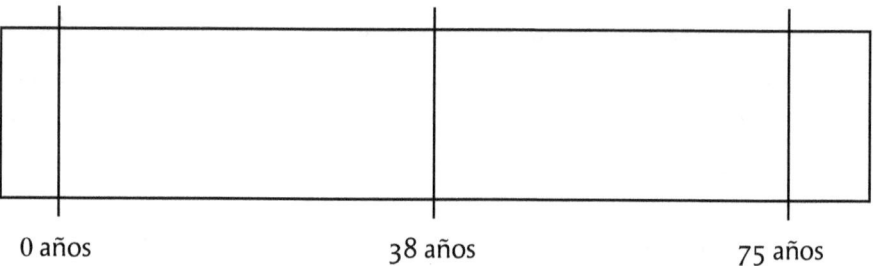

Ahora, traza sobre este rectángulo una línea más o menos a la altura equivalente de la edad que tienes actualmente.

—No, no, no, toma tu pluma y dibuja esa línea, ¡vamos!, no te condenarás por dibujar en un libro, ¡hazlo, dibuja esa línea!

¡Felicidades! Ahora, te invito a hacer una reflexión: concéntrate unos cuantos momentos en el lado izquierdo del rectángulo, en el espacio que representa el tiempo que has vivido...

¡Exacto! Es dramático darse cuenta de la cantidad de tiempo que has utilizado ya y que no regresará más.

Sientas lo que sientas al respecto, el espacio izquierdo del rectángulo simple y sencillamente ya no está, ya le diste uso, te guste o no, no puedes cambiar nada, no puedes volver a vivirlo, como dirían en Mérida "se gastó", es irrecuperable. Lo que hayas hecho o dejado de hacer ya no importa, ya no puedes hacer nada por cambiarlo: si te perdiste de algo interesante, si dejaste de disfrutar, si nunca lo valoraste, es igual, porque ese pedazo de tu vida... se fue.

Lo importante es lo que decidas hacer con el espacio derecho del rectángulo, nada me daría más pena que después de que pasaran muchos años a partir de hoy y volvieras a leer este libro, dibujaras una segunda línea sobre el rectángulo y tuvieses exactamente el mismo sabor de boca que ahora tienes. Ya que por muy satisfecho que estés de tu existencia, tú y yo sabemos que siempre podríamos haber disfrutado algún extra, que hubo días de poca intensidad que más adelante quisiéramos recuperar.

Definitivamente, lo fundamental es concentrarse no en lo que hiciste o dejaste de hacer en el lado izquierdo, sino en la estrategia, voluntad y empeño que destines al lado derecho. ¿Cómo te gustaría que fuera tu vida, de qué tipo de economía, salud o dinámica familiar quisieras disfrutar? Y algo más drástico... ¿Qué edad tienes? Escribe en la siguiente línea cuántos años tienes actualmente, mientras lees por primera vez este libro:

Tengo _____ años.

Pues bien, estimado lector, en 90% de los casos la respuesta a ¿cuántos años tienes? es incorrecta, si tú escribiste la cantidad de años que hasta hoy has vivido, estás justo en ese 90%, y es que precisamente ésos, los que hasta ahora has consumido, son exactamente los años que ya no tienes, es el tiempo que ya se fue, en el que no podrás hacer más nada para bien o para mal.

"Esos años son justamente los que ya no tienes."

0 años   38 años   75 años

La respuesta correcta a ¿cuántos años tienes? es NO LO SÉ; los que vengan de aquí en adelante hasta que muera, para los que corresponden al espacio derecho del rectángulo, probablemente 30 o 45, lo importante es ¿cómo piensas vivirlos?

Eso, en el hipotético caso de que lleguemos a vivir 75 años, pero, por supuesto que nadie tiene un contrato con la vida, podríamos morir en este mismo momento, un temblor, un accidente, un ataque cardiaco... ¡por Dios!, la vida es tan frágil, tan irremediablemente frágil, y se nos olvida tan fácilmente....

Y es aquí donde emocionado me permito volver a escribir: Tú no "tienes que" nada..., ¡pero puedes todo! Y es que estamos aquí para crecer, para disfrutar y divertirnos, para alimentar momentos, para compartirlos, para soñar y convertir nuestros sueños en realidad, para convertirnos en hacedores de sueños, y tenemos un pequeño espacio de tiempo para tal tarea, y ese tiempo es finito, en cualquier momento puede terminar, no quisiera recordarte cuántas veces has leído en el diario o visto en la televisión la noticia de un auto destruido en el crucero equis de la ciudad donde el conductor falleció, posiblemente por la irresponsabilidad de un tercero, ese auto podría haber sido el tuyo o el mío... VIVE.

Hace algunos años se me enchinó la piel mientras tomaba una taza de café al ver las noticias en la televisión, un avión se había accidentado al aterrizar en Tabasco, el impacto fue brutal para mí en dos sentidos:

1. En la lista de fallecidos reconocí el nombre de un buen amigo gerente comercial de una compañía aseguradora de clientes míos a quienes había tenido el gusto de capacitar, este hombre era señalado como ejemplo de trabajo, pasión y alegría de vivir.
2. Ese mismo avión, mismo número de vuelo, horario y ruta, la utilizaba yo dos veces al año para cumplir con un contrato permanente en esa ciudad durante tres años.

La gente que muere todos los días en accidentes, catástrofes o paros cardiacos es gente común, gente buena y positiva, con hijos, con pareja, con sueños y realidades, anhelos y frustraciones; con una existencia como la tuya o la mía, con una vida que no siempre valoramos, ni reparamos en vivir.

¿Cómo vivirías hoy si supieras que a las 12:00 pm terminará tu vida? ¿Cuántos "te quiero" dirías? ¿Permitirías que tu pareja se quedara con un grito grabado en su cerebro, recuerdo de su último contacto contigo en el que pelearon por nada? ¿Desperdiciarías la oportunidad de jugar cochecitos con tu hijo? ¿Entregarías tu reporte ejecutivo con tachones o falta de profesionalismo si tuvieras la conciencia de que ése será el último documento elaborado por ti?

Hace algunos años me enamoré de la lectura de un documento ganador del concurso "Carta a mis padres", la criatura, de apenas 8 años, autor de tal poema lo redactó más o menos así:

Diciembre de 1990

Disculpen incumplir con las bases prácticas del concurso, pero yo no deseo dirigir esta misiva a mis padres, les escribo con todo mi amor y toda mi esperanza a los Reyes Magos, a los tres en conjunto o a cualquiera de ellos.

Queridos Reyes Magos: me he portado muy bien todo este año, realmente he cumplido con todos mis deberes y obligaciones, tengo las mejores calificaciones del colegio, por todo esto, y sabiendo que ustedes no tienen límites, me atrevo a pedirles para este año; pero, por favor, este año NO ME TRAIGAN UN SOLO JUGUETE, realmente no quiero ninguno, simplemente a cambio les pido que con su enorme poder y magia me conviertan en una televisión, es que quiero ver si de esta forma mis papás... me ven.

¿Cuántos años tienes?, ¿de cuántos realmente dispones para disfrutar a tus hijos, entregarte a tus sueños y llenarte de ti mismo?, ¿quién demonios nos dice que realmente no será éste nuestro último día?, ¿quién te asegura que hoy por la mañana cuando te despediste de tu pareja, no es la última vez que lo harás?, ¿qué no es la última vez que haces un reporte ejecutivo, tienes la oportunidad de jugar con tu hijo o hija o de tener 15 minutos para hablar telefónicamente con tu mejor amigo?

Más aún, ¿quién nos puede asegurar que toda esa gente que amamos realmente nos está esperando viva en casa?, ellos también tienen su propia línea de la vida, y también su vida es frágil como la nuestra. No nos damos cuenta de la extraordinaria riqueza que tenemos y de cómo la gastamos miserablemente en rencores, resentimientos o apatías.

Por eso, titulé este capítulo "Todo se vale". No quiero sugerirte que vivas en un estado de estrés impresionante tratando neuróticamente de comerte el mundo a bocanadas grandes o, irresponsablemente, huyendo de la muerte, tampoco se trata dar rienda suelta a los placeres mundanos o de malgastar tu patrimonio con el falso escudo de "hoy me puedo morir", el mensaje es simple: "disfruta".

Disfruta tu vida haciendo exactamente lo que desees hacer, pero con la conciencia de que cada acción atraerá una reacción, cada causa un efecto y cada decisión una consecuencia; no "tienes que" nada..., ¡pero puedes todo!

Algunos colegas instructores y motivadores se atreven a decir en sus conferencias "la flojera no existe", "sácala de tu vida", nada más alejado de la realidad.

¡Claro que existe! (además de ser deliciosa de vez en cuando). No pretendo invitarte a que te engañes con frases prefabricadas de nula aplicación, por el contrario, ¡todo se vale!, pero como diría Anthony Robins: "acción con pasión".

Si decides destinar un día entero a la fiaca, hazlo, pero intensamente, que nada perturbe tu deleite, es más, ese día ni te bañes, vive tu día de fiaca tan intensamente como para que puedas dejar de hacerlo en poco tiempo.

Muchas personas destinan sus tardes miserablemente a perder el tiempo, lo que es muy diferente a descansar, pero lo hacen con tanta tibieza que quedan atascados en la mediocridad que esto consecuenta. Después de algunas horas, inclusive están cansados de descansar.

Todo se vale, si quieres vivir tu vida al filo del estrés y generarte un ataque cardiaco... adelante, es tu vida. Si cuelgas un mapa de camas diferentes en tu cuerpo y en tu corazón... muy tu mapa. Si destinas la existencia al celibato en aras de un supuesto crecimiento espiritual... muy tu aburrimiento. Si decides drogarte o acabarte, o vivir, o crecer, o sonreír, o llorar, o no hacer nada, o hacer todo, eres tú y sólo tú quien será el causante, pero recuerda que hay efectos con los que tendrás que vivir y que no podrás hacer responsable a nadie ni de tus éxitos ni de tus fracasos. Simplemente vuelve a reflexionar sobre la línea de tu vida, sobre *¿cuántos años tienes?*, y decide como quieres continuar viviéndola, puedes convertirla en basura o transformarla en una mágica experiencia, pero ten presente que es una oportunidad irrepetible, única... y maravillosa.

Una persona íntegra no es la que tiene capacidad para tomar decisiones, sino aquella que afronta las consecuencias de las mismas.

Si, por ejemplo, decides aprovechar al máximo cada momento, entregarte en tu trabajo, perseguir y alcanzar tus ideales, sonreír y compartir tus momentos, disfrutar intrínsecamente todo lo que haces, gozar a tu familia, a tus hijos, amar intensamente inclusive sus errores y diferencias, si realmente te atreves a soñar y a convertir tus sueños en realidad, a pagar el justo precio por alcanzar tu propio ideal, entonces, amigo o amiga mía, habrás llenado tu REALIDAD de causas, de causas que provocarán efectos mágicos y extraordinarios en tu futuro, en tus sueños e irremediablemente también tendrás que estar "condenado" a vivir con las consecuencias de este estilo de vida y a "soportar" la cantidad de colores con los que hayas decorado tu existencia... "Todo se vale".

Muchos son los que le piden a la vida el 100%, el 100 de retribuciones económicas, el 100 de salud, el 100 de integración familiar, en fin, el 100 por 100 de las cosas buenas de la vida.

Y, repito, la vida es muy justa, si nosotros le pedimos el 100 de las cosas buenas que tiene para nosotros, la vida nos pide que paguemos el precio, "100 te cuesta 100". El precio es 100 de esfuerzo, 100 de persistencia, 100 de preparación, de alegría, 100 de trabajo y 100 de actos ¡ya!

Y he aquí la respuesta del porqué sólo un pequeño porcentaje alcanza a convertir sus sueños en realidad, son muchos los que pretenden disfrutar de las bondades que la vida nos ofrece; sin embargo, muy pocos son los que están dispuestos a pagar el precio.

Repito una vez más, "el éxito no tiene favoritos", no es consecuencia del destino o de la suerte. El éxito se entrega plenamente a aquellas personas que están dispuestas a pagar su precio, a aquellos individuos que, conscientes de la ley de causa y efecto, se preocupan, o mejor dicho, se ocupan en provocar las causas; los efectos llegarán automáticamente, sin que el azar intervenga en lo más mínimo.

Las causas se resumen en:

"Investigar qué es lo que se tiene que hacer y... hacerlo".

Este libro pretende ser un manual práctico que te permita, primero, reaprender a soñar y, después, investigar qué es lo que tienes que hacer para convertir, para transformar todos tus sueños en realidades. A ti, estimado lector, te tocará la tarea más difícil... hacerlo.

TENEMOS LO QUE MERECEMOS

Efectivamente, "Todo se vale", pero en este mundo hay leyes, leyes naturales mucho más fuertes que las humanas, leyes físicas que rigen la existencia, la ley de gravedad, la de causa y efecto, la correspondencia, la ley de atracción, etcétera.

En este mundo físico, de realidades físicas, las acciones generan reacciones, todo se vale, haz de tu vida lo que quieras, pero, más adelante, no tendrás espacio alguno para quejarte por vivir la vida que tú mismo construiste.

Piensa un momento más en el rectángulo que ejemplifica tu vida, en todo lo que hoy tienes, eres o haces, en la suma total de tus decisiones y acciones. Pues bien, tengo para ti dos noticias, como siempre, una buena y otra mala.

La mala noticia —tienes que entenderlo— es que todo, absolutamente todo lo que tú eres o tienes hoy, simplemente no lo puedes cambiar.

Puede ser que no te guste...

No lo puedes cambiar.

Tal vez no estés de acuerdo...

No lo puedes cambiar.

Hasta crees que es injusto y probablemente así sea; de todas formas…

No lo puedes cambiar.

Lo más fácil para mí sería escribirte un buen "rollo" tratando de convencerte de abandonar el sentimiento de culpa o frustración que pueda provocarte el inventario de tu vida, pero después de escribirlo y leerlo la realidad sería la misma: "Todo lo que tú eres o tienes hoy no lo puedes cambiar".

De cualquier forma habrá que trabajar en la culpa o frustración, pero… No lo puedes cambiar.

Y no lo puedes cambiar, porque todo lo que tú eres o tienes hoy, para bien o para mal, es consecuencia lógica de todo lo que sembraste ayer en tu vida.

Vivimos meramente las consecuencias, positivas o negativas, de nuestras propias decisiones y acciones.

Si yo tengo mala salud hoy, lo primero que tengo que entender es que me la merezco, ¡y como no me la voy a merecer!, durante años he fumado como chacuaco, no me cuido, no hago ejercicio, como igual que un troglodita, no hago el más mínimo esfuerzo por darme mantenimiento preventivo… Merezco mi mala salud.

Si tengo problemas financieros… Me los merezco, ¡y cómo no me los voy a merecer si no trabajo, no he sido productivo, no ahorro, despilfarro mi tiempo y mi dinero en actividades poco trascendentes, no me preparo ni estudio, ni leo ni me actualizo…! Merezco mis problemas financieros.

Es más, si mi mujer me "pone el cuerno", aunque no me guste, aunque me cueste trabajo escribirlo, aunque (¡ja!) Dios no lo quiera… Me lo merezco. Y como no me lo voy a merecer si hace años que no tengo tiempo para ella, la hago competir con mi trabajo dejándola relegada a una segunda o tercera prioridad en mi vida, no tengo detalles, no le mando flores, ni tengo el espacio para escribirle "te quiero" en una servilleta, agradecerle su existencia junto a la mía... Merezco la infidelidad que vivo (si es que así fuera).

Y tú podrás pensar: "Pero, Helios, ¿a qué hora quieres que lo haga?, de veras, hay veces que no tengo tiempo para tener detalles con ella (él)". No te preocupes, no faltará quien sí tenga tiempo.

La ley de la correspondencia es clara, tenemos lo que merecemos, son nuestras acciones pasadas las que determinan la realidad presente, y son las acciones presentes las que determinarán nuestra existencia futura.

Matemáticamente no puedes hacer nada por cambiar lo que HOY tienes o lo que HOY eres, no hay magia, ni destino ni suerte, hay decisiones, acciones y consecuencias.

Si tú decidieras hoy dejar de fumar, estarías modificando tu futuro de modo más importante que tu presente, qué bueno, felicidades, excelente decisión, combínala con acción y estarás creciendo, pero de cualquier forma a tu cuerpo le tomaría varios años desintoxicarse y recuperar la condición física natural. Es decir, tu decisión afecta más a tu futuro que a tu presente, no existen resultados inmediatos, tienes que decidir hoy el futuro que quieras vivir y aceptar, proactivamente, el presente que vives de acuerdo con las decisiones y acciones de tu pasado. No hay categóricos en la vida, las cosas que afectan nuestra existencia son pequeñas acciones sostenidas, no engordas 20 kilos en una cena, son cientos de pequeños bocados de más cada día durante muchos días los que te hacen gordo, de igual forma no adelgazarás de un día para otro, son la suma de muchos pequeños presentes lo que construyen un gran futuro. Y he aquí la buena, la extraordinaria noticia:

**Hoy puedes empezar a sembrar
lo que quieras cosechar mañana.**

Bajo esta línea de pensamiento, hoy puedes iniciar una estrategia de vida para tu futuro, y es ésa la base de *Alcanza tus sueños*, ¿qué estás dispuesto a vivir en el futuro?, ¿qué economía quisieras?, ¿qué salud, qué familia, auto, condición académica, qué vida quieres para ti y para la gente que amas en el futuro?

Tienes que decirlo aquí y ahora, ¿qué quiero para mí en el futuro?, y, después, trazar un plan de trabajo que te permita alcanzar el estilo de vida que quieres para empezar hoy a sembrar las causas que matemáticamente te lleven como consecuencia a la vida que planeas.

Podrás pensar que es muy difícil o poco probable que la vida que quieres llegue a tu vida "así porque sí", y tienes razón, "así porque sí" no llegará nada a tu vida, tienes que decidir y tomar acciones.

"Atrévete a soñar todo lo que estés dispuesto a lograr."

A eso le llamamos *tomar el control de tu vida*, pero no funciona en el presente, sino en el futuro inmediato. Las soluciones mágicas y furtivas realmente sólo son causas que la mayoría de las veces provocan efectos que te hacen retroceder más de lo que habías avanzado.

Bajas de peso rápido... felicidades, pero, ¿y el rebote? Ganas una suma de dinero fácil y rápidamente por algún atajo inadecuado, pero, ¿estás preparado para conservarlo y hacerlo crecer?

Es en el futuro donde vamos a vivir el resto de nuestros días y, por lo tanto, es la segunda posesión de tiempo más importante; la primera es el ahora, y lo es justamente porque podemos construir lo que viene.

En el ahora disfrutamos la construcción, y en el futuro el edificio, que a su vez es la plataforma del futuro, lo que nos permite realmente valorar y disfrutar todos nuestros "ahoras".

La cuestión es aceptar la responsabilidad tácita de nuestras acciones y decisiones de nuestra vida y las consecuencias de ellas en nuestro futuro, desde ese único punto de vista puedo creer en lo que la gente llama "destino".

Si tengo un plan, una estrategia, un plan de acciones definidas, y las ejecuto paulatinamente hoy, puedo afirmar que mi destino será de tal o cual manera mañana, luego entonces, sí existe el destino. Pero pensar que éste fue escrito por personas o entes ajenos o deidades de cualquier religión en el pasado y que mi vida está irremediablemente definida por tal condición desde antes de mis días, no es más que un acto neurótico de autocomplacencia, un esfuerzo por responsabilizar a otros de mis fracasos o de mis triunfos, un escape momentáneo al dolor de mi presente.

Deja de preguntarte con frecuencia, ¿cuál es el objetivo de mi vida?... DECÍDELO.

En general, no tengo nada en contra de las ideas religiosas o espirituales, de hecho, y lo hablaremos más adelante, creo que hacen integral al ser humano. El problema llega cuando pretendemos usarlas para evadir las consecuencias de nuestros propios actos. Conozco cientos de personas que van de una religión a otra, leen cuanto pueden, sin entender, sin querer entender lo que están leyendo, tratando de encontrar la respuesta a la pregunta: ¿cuál es el objetivo, el destino de mi vida?

Inclusive, he leído que existen hombres en el Oriente que todo el día meditan, no hacen nada más, despiertan y meditan profundamente, adoptan una eterna posición de flor de loto, y meditan, la gente los considera sabios, y meditan todo el día, para no hacer ni bien... ni mal, para equilibrar sus vibraciones con el universo.

Seguramente soy un espíritu pequeño e inmaduro en este momento de mi vida, pero: ¡Aaaaaaaahhhhhhhh! ¡Yo no quiero ser sabio! Quiero cometer mil errores y mil aciertos, quiero hacer mucho bien y tratar de hacer poco mal, quiero alimentar mi vida de colores y experiencias, y aprender continuamente de las buenas y las malas, quiero descubrir realmente en mis adentros mi propio destino, forjarlo y perseguirlo, lo peor que me puede pasar es que me equivoque y que, al final, el presente que me forje no me guste demasiado. ¿Y qué?, siempre habrá tiempo de volver a dibujar los planos, siempre tendré la divina oportunidad de decidir sobre mi vida, mis acciones y decisiones y volver a empezar, cada vez con más experiencia que antes, cada vez más fortalecido, y en el camino... ¡la divertida que me voy a dar! Quiero sí sintonizar mis vibraciones con las del universo, pero asumiendo un proceso de aprendizaje tal que me permita reconocerme como un ser imperfecto con todo el potencial de crecimiento que mi autoconciencia me permita, y que estas vibraciones generen movimientos en mi vida, para que ésta afecte mi entorno... crecer es una constante, crecer es transformarte, evolucionar es consecuencia de la acción no de la paz mental, incluso ésta última se gesta en la acción del descubrimiento de que se es.

Pero, ¡HAY QUE ACTUAR! Las buenas intenciones, los grandes planes, las estupendas ideas no sirven absolutamente de nada, para nada.

> **La peor incongruencia de un líder es pasarse
> la mitad de la vida diciendo lo que va a hacer,
> y la otra mitad justificando por qué no lo hizo.**

Solamente las causas provocan efectos, en este mundo físico de realidades tangibles sólo las acciones generan reacciones. Tenemos que actuar, es más, me atrevo a decirte, sin temor a equivocarme, que las ganas no alcanzan, no sirven, no te llevan a ningún lado, sólo son los pasos los que te hacen avanzar.

—Este año también tengo ganas de viajar a Europa.

—Oye..., ¿viajaste a Europa el año pasado?

—No, pero también tuve muchas ganas de viajar.

Todos tenemos "ganas", muchas ganas de hacer muchas cosas. Aun la gente más sombría y deprimida tiene ganas de algo, en el extremo de la desesperación podemos tener ganas incluso hasta de matarnos, pero las ganas no generan acciones y sólo las acciones generan reacciones. Todos tenemos ganas. En 20 años de dedicarme a dar conferencias no he conocido a alguien que no quiera hacer auténticamente algo más de su vida, ya sea tener dinero, obtener un mejor puesto, una mejor salud, un mejor presente y un estupendo futuro para sus hijos, todos queremos algo más de la vida.

Las ganas son tan sólo el primer indicio. Entre lo que "tenemos ganas" y lo que *realmente obtenemos* existen muchas variables, empezando por la voluntad.

Pensemos por un instante en los que estamos un poco pasados de peso... ¡vivimos a dieta!, llevamos años a dieta, siempre nos quejamos de nuestra figura en el espejo, maldecimos no sólo a los diseñadores de moda, sino a los malditos flacos que... ¡qué bien se ven!, nos enojamos y maldecimos cada vez que intentamos ponernos el pantalón o la falda que tanto nos gustaba hace algunos meses y, en la mayoría de los casos, algo pasa en nuestra vida que nos hace llegar a la conclusión de que, definitiva y decididamente, ya no estamos dispuestos a seguir gordos... "es tiempo de iniciar (otra vez) la dieta".

En el camino cotidiano después de la severa condena "estoy a dieta", se nos aparece quién sabe de dónde un extraordinario trozo de pastel de chocolate... ¡mmmm! ¡Qué bien se ve!, pero parte de nuestra conciencia nos recuerda mentalmente: "alto, estoy a dieta", y lo repetimos como tabla de multiplicar: "estoy a dieta, estoy a dieta, estoy a dieta, estoy a dieta"; casi como un conjuro mágico para hacer que el suculento pastel desaparezca de nuestra vista con el sólo sortilegio: "estoy a dieta".

Por supuesto que el pastel no desaparece, inclusive parece cobrar vida y sacar una manita cruelmente y decirnos quedito al oído: "veeeennn, cómemeee".

Y entonces, los conjuros entre la esbelta magia blanca comienzan a confrontarse con la dulce magia negra, y sentimos como diría Ricardo Arjona, refiriéndose a otras mieles, "esa guerra en el vientre entre el sigue y el detente".

El desenlace lo conocemos de antemano, nos acercamos al suculento pastelillo con la intención de "solamente lo voy a oler", ya cerca nos toma con sus manitas y no nos permite soltarlo antes de darle "una probadita", probadita que se convierte en un festín de harina, azúcar y mantequilla.

Mientras todo esto sucedió... ¿dónde quedaron las ganas?, la verdad es que siguen ahí, no sólo las ganas, inclusive la conciencia, mientras devoramos con ansiedad el bocado nos vamos diciendo: "¡mmm!, realmente soy un cerdo, ¡mmm!, pero qué bueno está esto, terminando este pastel me vuelvo a poner a dieta".

Como este ejemplo podríamos citar miles, que no sólo generan frustración y automaltrato (nos la pasamos hablándonos pestes a nosotros mismos recriminándonos nuestra falta de voluntad), como si fuéramos niños que mereciéramos un buen castigo por la travesura, nos flagelamos lo suficiente hasta considerar que ya nos hicimos suficiente daño como para no volverlo a hacer, al menos no... "hasta la próxima vez que lo hagamos".

Lo peor del caso es que tampoco esta autorepresión nos genera delgadez, simplemente nos permite sentirnos un poco menos culpables al respecto.

Y vuelvo a insistir... las ganas no alcanzan. Es sólo la firme voluntad lo que nos hace aprontar las acciones que permitan consecuencias prácticas.

Me gusta definir la voluntad como la capacidad de renunciar a esos pequeños beneficios inmediatos a cambio de labrar grandes y más validos beneficios a futuro. Cuesta trabajo, mucho, pero, ¿quién dijo que tendría que ser fácil?

De aquí que puedo proponerte la amenaza cruda:

**"Atrévete a soñar sólo aquello
que estés dispuesto a lograr".**

Hablaremos adelante de tu enorme capacidad de soñar, y, por supuesto, de conseguir materializar tus sueños, pero, precaución, deberás comprometerte con toda tu voluntad con todo aquellos sueños que verdaderamente quieras materializar en tu vida. Ahí donde te falte voluntad, acumularás frustración, y la conciencia plena de responsabilidad sobre lo que hiciste o no por ti.

Muchos colegas consultores motivacionales te hemos arengado con toda la pasión de la que somos capaces "¡puedes lograr lo que quieras lograr en tu vida!"

Hoy, con 20 años de carrera, debo solicitar una disculpa pública por tan sensible error, tanto en mis palabras como en las de mis colegas, perdón a todos esos auditorios que hemos llenado de frustración permanente a cambio de algunos minutos de euforia. Pero la disculpa no es para desdecirme... simplemente para apuntar con mayor precisión:

> **"Puedes lograr absolutamente todo, no lo que quieras,
> sino lo que estés dispuesto o dispuesta a lograr".**

EL ÉXITO

La palabra "éxito" encierra una serie de valores subjetivos. Para algunos "éxito" es sinónimo de dinero, fama, liquidez y estabilidad financiera, para muchos otros "éxito" es felicidad, integración familiar, otros lo dimensionan como suficiente tiempo y dinero como para vivir lo que quieren vivir, para otros implica ser el mejor en su campo de actividades, hay quienes consideran el éxito como el reflejo de una extraordinaria salud, y hay quienes piensan que el término "éxito", es un concepto meramente neurótico que te mantiene viviendo al 100% en la búsqueda de tener más, ser más o hacer más, en ocasiones, incluso, sin tiempo para disfrutar de ese "más".

Para mí, influenciado por la definición que aprendí en la adolescencia estudiando los mensajes de Earl Nigthingale, "el éxito es la consecución progresiva de un ideal digno", el tan citado "éxito" se ha convertido en una forma de pensamiento, más aún que en una forma de alcanzar mis ideales.

Si tomáramos esa definición como cierta, "éxito" significa lograr todo aquello que queremos lograr en el plazo que preestablecimos para obtenerlo, siempre y cuando el objetivo o ideal "digno" robustezca nuestra vida brindando muestras claras de crecimiento para nuestra vida o la de otros.

Independientemente de la idea que tengas del concepto "éxito", lo primero que debemos entender para obtener nuestra rebanada "del pastel del éxito", es que éste no se presenta en la vida de las personas como consecuencia de la suerte, del destino, por mandato de Dios o porque así estaba escrito. El éxito, el fracaso, la felicidad y la plenitud total, la abundancia o la miseria son consecuencias de un estilo de vida que no obedece a la "casualidad", sino a la "causalidad".

Existen tres tipos de personas: primero están aquellas que nunca se han dado cuenta de que en el mundo suceden cosas, jamás se percatan de los cambios ni de qué los provoca; las segundas sí se dan cuenta de que en el mundo están sucediendo cosas, y son las que simple y cómodamente se sientan a esperar a que en sus propias vidas les suceda algo maravilloso como consecuencia del destino o la suerte, y las terceras: las que hacen que las cosas sucedan, que NO tienen tiempo ni paciencia para investigar si al señor Destino le da la gana hacer que algo maravillosos suceda en sus vidas, sino que salen con aplomo y alegría a provocar los cambios y beneficios que esperan en su propia existencia.

Imagina por un momento a un joven conductor que nunca ha viajado en carretera y se le presenta la oportunidad de realizar un viaje a través de todo el territorio nacional, teniendo como destino la frontera norte del país. Cabe mencionar que nuestro joven amigo no sólo nunca ha viajado en carretera, sino que jamás ha viajado a ningún lado.

Él toma los mapas correspondientes, analiza y corrige cualquier parte de su automóvil que pudiera presentar un problema de funcionamiento, toma las disposiciones necesarias de acuerdo con los datos obtenidos en sus guías de carreteras, cuenta las casetas de cobro y prevé la cantidad de combustible que necesitará, en fin, cuida todos los detalles tanto técnicos, como económicos, inclusive, compra una hielera y una aceptable dotación de refrescos y botanas... ("ta" bueno, si prefieres cerveza no me opongo).

Se arroja a la carretera y después de hacer lo necesario y devorar horas y kilómetros llega a su destino. ¿Consideras tú, amigo lector, que nuestro joven amigo llegó a su destino por casualidad?, ¿por pericia, decisión y esfuerzo?, o ¿porque en las cartas de la gitana aparecía una rubia fronteriza?

Por supuesto que nuestro amigo lo único que hizo fue seguir fielmente todas y cada una de las indicaciones tanto de la carretera como de los mapas y guías de viaje, llevó acabo el primer paso y después el segundo y no trató de dar el sexto paso antes de concluir el quinto.

Seguramente, en el camino hubo muchas ocasiones en las que, confundido, no supo interpretar los señalamientos carreteros, quizá se vio obligado a corregir el rumbo más de una ocasión y, por supuesto, a descubrir que el humilde campesino a pie de carretera era buen maestro en cuanto a encontrar la salida hacia su destino (de todos se puede aprender algo cuando se necesita y está dispuesto a aprender).

La conclusión es contundente. Su viaje se concretó con éxito porque investigó qué era lo que tenía que hacer y lo hizo. Tuvo la capacidad de analizar, investigar, indagar y actuar. Su viaje tuvo éxito y en esto no hubo relación con la buena suerte o con el "destino".

Como el ejemplo anterior, podríamos citar cientos y cientos de personas y empresas que alcanzan las metas que se fijaron después de investigar qué es lo que tenían que hacer para lograrlas y que, al hacerlo, convirtieron sus metas en realidad.

Yo sé que muchos lectores podrían decir: "Bueno..., ¿y si choca?, ¿si lo asaltan?, ¿si corre con la mala suerte de equis cosa? Y la verdad no quiero discutir, es más, concedo, existe la suerte (pero no el destino).

En este preciso instante voy en un avión y estoy revisando el texto de *Alcanza tus sueños* para su 6a edición, me encantó la forma coloquial en la que mis anfitriones en un evento masivo de una compañía de multinivel se despidieron de un par de asociados: "Te deseo todo el éxito que te merezcas... y un poco de suerte por si en el camino te apendejas"

En 98% de las circunstancias podemos hacer lo que tenemos que hacer para lograr lo que queremos lograr, reducir al máximo la posibilidad de error o de que la suerte intervenga, y mejor aún, ayudarle a la suerte a actuar en forma proactiva respecto de nuestros planes.

Investigar qué tengo que hacer...
y hacerlo;
...pero ¡hacerlo!

Todas aquellas definiciones del éxito, la suma de todos los elementos que te permiten definir si lo tienes o no, y la totalidad de las variables medibles (buenas o malas) en tu vida, son sólo *efectos*, consecuencias de cosas que has hecho o dejado de hacer.

Y permíteme reiterar las palabras *hecho o dejado de hacer*, ya que son justamente las acciones las que generan consecuencias. Sé de antemano que muchos autores atribuyen un poder excepcional al pensamiento, y que, incluso, lo consideran la cuna del progreso (hablaremos de eso más adelante). Aun cuando comparto ese punto de análisis, permíteme ser 100% pragmático en estos primeros capítulos: son sólo las acciones las que generan efectos, los buenos pensamientos, las buenas o malas ideas no generarán resultado alguno en tu vida sin acción.

El mandamiento es claro: "Investigar qué tengo que hacer... y hacerlo".

Temores, flojera, ideas falsas del éxito sin esfuerzo, desidia, falta de organización, errónea planeación de prioridades u olvido. Los planes se hicieron, la investigación fue concluyente, las ideas magníficas, pero en lugar de resultados hay frustración acumulada y una sensación de hastío y medianía por falta de acción.

La vida no tiene favoritos, podríamos decir que el éxito es una "enfermedad" que no respeta clases sociales, religiones, sexos ni posturas ideológicas. Lo único que respeta es a aquellas personas que están dispuestas a investigar y poner en práctica lo que tienen que hacer para alcanzarlo.

Abre toda tu conciencia para leer esto:

A la vida le da lo mismo quien triunfa o quien fracasa. Para cada empresa o proyecto se requieren triunfadores, un número limitado, pero a la vida no le importa quien ocupe cada lugar.

Hace algunos años, cuando iniciaba mi carrera como consultor y conferencista, estaba muy agobiado y agitado por conseguir dinero, toda mi atención y empeño se destinaba a ese rubro, no tenía tiempo para nada más. No compartía con amigos, asistía a muy pocas reuniones familiares o sociales y, en general, mi único objetivo se centraba en conseguir clientes y atenderlos profesionalmente. Un día mi madre me habló, estaba preocupada porque era yo muy joven y de acuerdo con su punto de vista, estaba dejando de disfrutar mi edad, me dijo algo así: "Helios, no te afanes tanto por el dinero, después de todo a Dios le da lo mismo si eres rico o si eres pobre". Casi de inmediato y sin pensar demasiado en la respuesta le dije: "¿Ah, sí?, bueno, pues si a Dios le da lo mismo, entonces voy a ser rico".

No quisiera que mal entendieras este último párrafo, se de antemano que a algunas personas podría parecerles profano e irreverente. "¿Cómo se atreve?", "si está escrito que en este mundo no pasa nada, no se mueve una hoja de árbol si no es con la voluntad de Dios".

Pero, voy a ser más irreverente:

"Dios nada tiene que ver con tu éxito o con tu fracaso".

Aahh, ¡a la hoguera!, ¡a la hoguera!, ¡profano!, ¡insurrecto!... pues sí, pero es verdad.

Respeto profundamente las ideas religiosas de todo el mundo, inclusive tengo las mías propias, basadas por supuesto en el catolicismo, y digo por supuesto porque forman parte del acervo cultural de la familia que me gestó y de la sociedad en la que viví; no obstante, mantengo mi aseveración, Dios no influye en tu éxito, tampoco en tu fracaso, cuando mucho le duele nuestra mediocridad, pero no interviene, nos deja la gran oportunidad del libre albedrío, que hagamos lo que nos plazca y enfrentemos nuestras propias consecuencias buenas o malas.

Yo veo a Dios como un padre bueno, que nos provee de todo cuanto necesitamos para construir nuestro destino, incluso, como tú a tus hijos o yo a los míos, nos ofrece toda condición de grandeza y abundancia, nos da la información, los talentos y el potencial; para luego, con toda sabiduría, permitirnos sembrar lo que estemos dispuestos a cosechar. Si Dios afecta en tu vida es para bien, no para mal, pero definamos la frontera de lo que a Él le toca y lo que nos toca a nosotros:

Recuerdo que hace algunos años me atrapó la neblina en un aeropuerto de México, eran varias horas las pronosticadas de espera, así que decidí tomar la computadora y escribir las bases de un proyecto. No fue posible, en los monitores del puerto aéreo transmitían un partido de futbol, y aun cuando honestamente no soy fanático de ese deporte, ni de ningún equipo (es más, hay reglas y variables que no entiendo ni me interesa entender del tan popular "fut"), el ambiente lleno de pasajeros varados comenzó a ponerse muy sabroso y la fiesta futbolera se adueñó de mi concentración.

El partido en cuestión lo jugaban las Chivas contra el América, ambos equipos que al enfrentarse dan lugar al más grande clásico mexicano, y por alguna de esas cosas que no entiendo bien, estaban jugando en Estados Unidos, era algo así como una final, porque después de empatar y jugar tiempo extra, se fueron a tiros penales. Para ese momento la neblina ya no era importante, estábamos ahí cautivados por la emoción del partido y la consecuencia del empate en tiempo regular, el desenlace después del tiempo extra prevaleció en empate, por lo que era el turno de dejarlo todo por todo en la serie de penales.

Recuerdo bien la escena, el portero de las Chivas se preparaba antes de cada tiro, aplaudía con sus grandes guantes, volteaba a ver cada extremo de la portería, como midiendo el terreno, daba tres brinquitos y se persignaba, implorando hacia al cielo con su expresión facial: "Por favor, Dios... que no me metan gol". Separaba sus manos del cuerpo y veía fijamente al contrincante y al balón en un ritual idéntico en cada ejecución. Ritual que, cabe decir, le había dado resultado dos tiros antes, en el que "los mismísimos ángeles" enviados por el Señor, habían desviado la pelota estrellándola con el travesaño superior.

Chivas había tirado cinco penales, habían fallado dos; América había ejecutado cuatro, fallando sólo aquél del travesaño. Luis García, quien vestía la camiseta americanista, de acuerdo con los comentarios del locutor de televisión, era el mejor goleador del equipo en ese año, se perfiló a tirar el penal, era el quinto tiro, el estadio expectante, el aeropuerto mudo, se tenía la impresión de poder dejar caer un cuchillo y rebanar el aire. El nerviosismo era tal que incluso sin ser fanático, sin tener un favorito, me descubrí a mí mismo en absoluto silencio y aguantando la respiración, el más grande goleador del América tenía en sus pies la posibilidad de ganar el partido, coronar campeón a su equipo, disfrutar de la enorme sensación de la victoria y proveer de un bono de $20,000 dólares a cada uno de sus compañeros, pero claro, no lo tenía nada fácil, ya que las manos del portero de las Chivas estaban listas para recibir el impacto de su mejor disparo; y lo que García no sabía, es que el primero contaba con la protección divina... Colocó la pelota justo en la mancha, retrocedió unos cuantos pasos, y momentos antes de iniciar su movimiento ofensivo, hizo una pronunciada pausa, aflojó todos sus músculos y... en un acto de fe extraordinario se persignó, invocando con la mirada al cielo: "Dios, por favor, déjame meter este tiro.... y que se haga tu voluntad".

Goooool, gol, gol, goooool. Las gargantas de los comentaristas estallaron, medio estadio enloqueció, el aeropuerto recuperó de golpe el bullicio, cobrando con creces de entusiasmo los minutos de silencio. Goooool, más de un vaso se rompió y más de un saco quedó impregnado de cerveza en el bar del puerto aéreo, gooooool, los compañeros americanistas por poco medio matan a García a fuerza de abrazos y golpes contra el césped, alguno hasta lo besó, goool, gol. Inmediatamente el himno del equipo sureño empezó a tocar en el estadio a todo volumen, inclusive era perceptible en la transmisión televisada. Por supuesto, otro lado del estadio (y del aeropuerto) se entristeció, los jugadores del Chivas, inconsolables, el fantasma del fracaso pesaba en sus espaldas, en sus miradas y en sus corazones, algunos, los más veloces para reponer el ánimo, abrazaban a los demás en gestos de empatía y con comentarios que imagino: "Ni modo, *dimos lo mejor de nosotros*, somos subcampeones, muy dignos subcampeones".

Después de incontables repeticiones en cámara lenta, y de por lo menos tres cortes comerciales, la ceremonia de premiación, medallas al segundo, medallas y una gran copa al primero, el conjunto azul-amarillo daba la vuelta al estadio celebrando con su afición un gran triunfo, los colegas del Chivas visitaban la mancha circular a media cancha y dignamente se despedían con el aplauso agradecido de los suyos. El partido y la transmisión televisada estaban por concluir. Antes, por supuesto, la entrevista a varios protagonistas: "Hicimos un buen papel pero esto es así", decían los perdedores, que así son los penaltis. Sólo uno, debo reconocer, declaró que aunque ambos equipos se entregaron al máximo, el futbol se gana con goles y en esa ocasión el otro equipo metió más, sólo uno declaró tal verdad... ¡el portero de las Chivas!"

Por último, las entrevistas a los ganadores, el turno a García, quien aún jadeante y sudoroso por la vuelta olímpica y, por supuesto, lleno de adrenalina declaró: "Bueno, sí, Chivas es un gran equipo y fue un rival digno, pero gracias a Dios las cosas salieron bien para nosotros". Y reiteró después del comentario a la pregunta explicita del entrevistador:

—"Luis, magistralmente ejecutado ese último penal".

—"Bueno, sí, el futbol es así, me concentré lo más que pude, tenía mucha fe en Dios y afortunadamente metí el gol".

¡No entiendo!

Puedo no ser fanático del futbol y no entender reglas, condiciones y demás variables, pero tampoco soy estúpido, ni fanático religioso, y todo parece indicar que ese día el América ganó porque ¡Dios es americanista!

Podría alguien con la cabeza fría explicarme con toda calma: "¿qué diantres tuvo que ver Dios en el resultado de ese partido?", ¿será que auténticamente tiene preferencias por García, por el América o por 40 millones de fanáticos?, o por decirlo de otra forma, ¿estaba enojado con el portero de las Chivas, con todo el equipo, y con los otros 40 millones de fanáticos que le van a ese equipo?

Yo creo, y quiero seguir creyendo, que Dios no tuvo nada que ver en ese tiro penal. Estoy de acuerdo en que nos dio la vida, la salud y el entusiasmo a mí, a ti y a cada uno de los jugadores de ese partido, pero, simplemente, como declararon algunos jugadores, inclusive el portero: "El futbol es así, dimos lo mejor de nosotros, pero esto se gana con goles y hoy el América metió más que nosotros".

Podrás pensar que el ejemplo es demasiado fútil como para ser digno de haberlo escrito y leído, pero en realidad el ejemplo no es tan trivial. Ese día había muchas cosas en juego, para cada miembro de ambos equipos lo que se jugaba era el triunfo o el fracaso, la diferencia entre ganar o perder no sólo era el cariño de la afición, cada jugador americanista recibió un bono por $20,000 dólares en efectivo. Ese mismo año Luis García fue invitado por equipos extranjeros (si no me equivoco españoles) y fue contratado por una buena suma de dinero, dejando beneficios también a su club, es decir, se jugaba el éxito o el fracaso de muchas personas. Y, ¿alguien quiere decirme que realmente fue Dios el que decidió quién debía ganar?, o sea que hemos puesto a Dios en el papel de un excelente manejador de marionetas que neuróticamente se divierte todos los días controlando la vida de 7000 millones de habitantes, o por lo menos las de los famosos futbolistas.

Por otro lado, si Luis García, o algún partidario, leyera este libro, probablemente podría sentirse ofendido o indiferente. "Dios me ayudó y piensa lo que quieras", pero ése no es el punto.

El punto es que si Dios hubiera sido el factor determinante en el éxito del delantero, por consecuencia, también tendría que haber sido el responsable del fracaso del portero, mostrando un favoritismo inexplicable para los seguidores de cada equipo participante en el partido.

Si tú eres padre y tienes dos hijos, ¿te podrías realmente atrever a influir en el éxito de uno generando el fracaso del otro?

La verdad es que somos nosotros los responsables de nuestras decisiones y acciones, pero hemos aprendido a responsabilizar a los demás de nuestro éxito o fracaso, inclusive a Dios.

—"Nos vemos mañana a las 7:00 en punto".

—"Pues si Dios quiere".

—¿Qué pasó?, ¡son las once!

—"Es que Dios no quiso".

Para concluir mi idea de la participación de cualquier Dios en el éxito de los mortales, me gustaría compartir la idea básica de un alto directivo de Suzuki Motors, cuando vino a clausurar la Convención Nacional de Distribuidores en México. Yo había participado con el grupo por varios días, por lo que fui invitado a la sesión plenaria de clausura y tuve oportunidad de escuchar parte del discurso que dictó en japonés y que, tanto el grupo como un servidor, pudimos disfrutar en traducción simultánea. La parte que me llamó la atención fue la siguiente:

He descubierto, después de más de 25 años de ir y venir entre Japón y México, que mi pueblo y mi gente son muy similares al pueblo mexicano. Ambos son extraordinariamente trabajadores, se mueren en la raya, toman un proyecto y no se ajustan a la idea de no concluirlo, ambos tienen una cuna de valores familiares exquisita, si bien los japoneses consagran al padre, los mexicanos idolatran a la madre, ambas culturas viven una religiosidad increíble, en pocas partes del mundo, como en Japón y en México, se pueden encontrar imágenes religiosas en los talleres de mantenimiento entre motocicletas y cajas, pero, amigos distribuidores, he encontrado una diferencia fundamental a la que atribuyo en mucho la gran distancia de la productividad per cápita entre ambos pueblos: cuando los japoneses van al templo a consagrar su espiritualidad, siempre, pero siempre... van a ofrecer. En cambio, en los templos mexicanos el pueblo asiste fiel, pero siempre para pedir.

La acción en nuestra vida, lo que podamos ofrecer y tomemos la responsabilidad de cumplir, el precio justo que estemos realmente dispuestos a pagar a cambio de nuestros ideales y fantasías, son la diferencia entre obtenerlos o no.

Y en eso sí tiene que ver Dios. Cualquiera de los dioses de cualquier religión, cuando ofrecemos un esfuerzo excepcional, cuando prometemos un cambio a una divinidad absoluta, nuestra propia espiritualidad se potencia y saca lo mejor de nosotros. Cuando ponemos a Dios como testigo y aval de nuestro crecimiento, recibimos de inmediato una dotación adicional de energía, de cariño, de amor y de combustible para seguir adelante, pero es así, en esos términos, cuando ofrecemos, no sólo cuando nos limitamos a pedir... y a esperar.

En el pasado, los grandes faraones, los grandes profetas y líderes espirituales e incluso la gente común, interpretaba sus sueños e imágenes mentales —las ideas que llegaban a su mente— como "mensajes de los dioses", y les daban tratamiento de mandatos supremos, órdenes divinas que tenían que ser llevadas a término materializándolas en realidades tangibles sin la menor cabida a excusas o postergaciones.

No quiero caer en el matiz religioso que la cuestión en sí supone, esto no tiene que ver con dogma alguno. Tomemos las historias de Aquenaton, faraón egipcio que casi compartía el poder con su amada Nefertiti, a través del sueño el dios Sol Raa lo instruyó para la construcción de un magnífico templo (después una ciudad) en medio del desierto, y la de Moisés con su migración, o Noé, al visualizar la tan famosa Arca, de la que se cuentan más mitos que realidades. En fin, un breve análisis de la historia nos permitiría subrayar que en todos esos casos la responsabilidad de convertir sus sueños (literalmente hablando) en realidades era suprema al creer que se trataban de órdenes superiores y divinas.

Y aquí caben dos posibilidades:

a) Que, por supuesto, estas imágenes y sueños no tuvieran nada de divino y simplemente obedecieran a las capacidades y análisis de la realidad de cada uno de estos protagonistas de la historia y que por fanatismo religioso, o por mera ignorancia, les adjudicasen este valor supremo, lo cual no es el punto de análisis en este momento. Lo que quiero destacar es que les daban un valor tal a esos sueños que simple y sencillamente no se permitían dejarlos para después. Órdenes, divinas o no... tenían que realizarse como prioridad, no había espacio para excusas, pretextos, falta de voluntad o escasez de recursos, la cuestión ni se discutía. "Si Dios me habló a través del sueño y me ordenó un encargo... tengo que hacerlo".

b) La segunda posibilidad, que sé, puede leerse con un tono de ironía, es que, efectivamente, en cada uno de esos sueños e imágenes mentales existiera la mano suprema de una entidad divina, que ya sea en el Olimpo, en el cielo o en los astros, las deidades hayan seleccionado entre los hombres comunes a alguno que tuviese las características suficientes para materializar su mandato o capricho divino, y que estos hombres haciendo uso de facultades concedidas temporalmente por los mismos dioses, "sembraran" estos deseos en las mentes de otros hombres, confiando en que se interpretarían como órdenes directas, sin cabida a vacilaciones, con la confianza de que serían materializadas a la brevedad.

Sin importar cuál de las dos versiones nos parezca más probable, ya sea las ideas de mortales o la de órdenes supremas, lo que quiero destacar es que estos hombres le dieron un tratamiento similar a ambos pensamientos en sus mentes.

1. Simplemente creyeron sus sueños como realidades

Ninguno de ellos dudó en algún momento de la veracidad del mensaje; lo interpretaron como una realidad, no como una posibilidad; no lo vieron como un "bonito sueño" o como algo que "sería bueno hacer", sino como algo que sencillamente brotaba de su interior para materializarse y beneficiar a su Dios, a su pueblo, o a ambos.

2. No reconocieron "locura" o "desatino" en sus proyectos

A pesar de lo absurdo que pudiesen haberles parecido a estos protagonistas históricos los grandes sueños como "edificar una ciudad entera en torno a un monumental templo, justo a la mitad del desierto", o el de "fabricar una embarcación con madera de forma y dimensiones tales para que diesen cabida a una pareja animal de cada especie y que, además, tuviese autosuficiencia para navegar prácticamente sin tripulación por un espacio superior a 40 días", a pesar de tenerlo todo, o casi todo, en su contra desde el momento conceptual del proyecto, ninguno vaciló en el éxito de la empresa. *Cada uno de ellos investigó qué era lo que se tenía que hacer... y lo hizo a cabalidad.* En ningún momento dudaron siquiera de la factibilidad del proyecto, sabían, o creían saber, que los mismos dioses estarían de su lado... ¿qué podía fallar con semejantes avales?

3. No se detuvieron ante las dificultades y creyeron en ellos mismos

Cada uno de estos hacedores de la historia (y muchos otros de miles de ejemplos más) tuvo la autoestima suficiente para no dudar en momento alguno que tendrían la capacidad de realizar la encomienda... ¡y cómo no!, ¿cómo dudar de la capacidad de los dioses al elegir al mortal adecuado?

Pues bien, a pesar del posible escepticismo que puedas percibir de mi parte respecto de la influencia divina en estos menesteres, ¡démosle el beneficio de la duda!, y demos también por sentado que fueron los mismos dioses los que seleccionaron a estos mortales y sembraron en sus cerebros estos sueños-proyectos como órdenes divinas.

Tendríamos que inferir, por supuesto, que los dioses tienen el buen juicio de elegir "al mortal adecuado para el proyecto adecuado". No podríamos imaginar la escena de un Dios en el Olimpo tratando de justificar ante sus iguales la falta de eficacia en su proyecto terrenal, por un error de juicio al momento de elegir al mortal al que se le encomendó la obra.

¿A qué quiero llegar?, a que sea cual fuere la realidad de los proyectos de los hacedores de la historia, órdenes divinas o sueños personales, ¿quién en su sano juicio puede atreverse a decir que las condiciones han cambiado en lo más mínimo en la vida moderna?

¿Y si realmente son los mismos dioses los que nos eligen para realizar sus proyectos en la tierra?, ¿y si realmente usan nuestra imaginación o estado de sueño como cuentas de correo electrónico para hacernos saber sus peticiones?, ¿qué tal si en verdad estamos destinados a la realización irrefutable e impostergable de esas imágenes mentales que a nuestra cuenta de correo mental llegan?

¿Qué harías tú, estimado lector, si tuvieras la certeza de que el Dios en el que crees te tiene por favorito para la realización de los proyectos que deja en tu mente como órdenes divinas?, y lo más importante, ¿qué responderías a tu Creador respecto al tiempo en que has postergado el inicio mismo de la actividad para realizar esos sueños y proyectos?

En caso de que seas más escéptico y no infieras responsabilidad divina en la gestación de tus sueños, tendrías que reconocer, en forma implícita, que tampoco hubo responsabilidad de deidad alguna en las imágenes y proyectos de los hacedores de la historia, tendrías que aceptar que simplemente fueron proyectos personales que encontraron la voluntad adecuada en el mortal adecuado para enfrentar cualquier tipo de adversidad, probablemente, reforzados por la idea de la complicidad divina, pero aun si así fuera... ¿por qué los dioses deberían ser cómplices de ellos y no de nosotros?

Conclusión: sea místico o pragmático el camino que decidas aceptar respecto de la existencia de sueños en tu mente, tienes dos opciones: 1) Dejar pasar por alto el mensaje (divino o subconsciente) y hacer caso omiso al reclamo de grandeza que bulle dentro de ti o 2) Afrontar el maravilloso viaje en búsqueda de soluciones, generar la actitud y actividad adecuada, investigar qué es lo que se tiene que hacer para realizar esas proezas... y hacerlo.

Por supuesto, con la convicción férrea de que esos sueños DEBEN ser logrados, ya sea porque tienes el tamaño suficiente para disfrutarlos y realizarlos, o porque tienes por cómplice a los mismísimos dioses, pero DEBEN ser realizados, sin excusas, sin postergaciones, no puedes ni debes permitir que se ahoguen en la apatía o falta de voluntad, ya sea para evitar el vacío personal en años por venir, o evitar el fúnebre veredicto al momento del juicio último.

Richard Bach, resumiría este capítulo entero diciendo: "Si Dios te dio la extraordinaria capacidad de soñar, hubiese sido muy injusto al no darte, también, la capacidad de hacer de tus sueños realidades tangibles".

LAS MATEMÁTICAS NO SIEMPRE SON EXACTAS

En los primeros capítulos te propuse trabajar en tres dimensiones: pasado, presente y futuro. Creo haber hablado ya de algunas de las variables desde nuestro pasado que han afectado o afectan nuestro presente y sospecho que no estamos tan a gusto con nuestro presente, de forma tal que pondremos atención a algunos pasos básicos que nos permitan tener un mejor futuro.

Prácticamente, la segunda parte de este libro, a partir de este momento, será destinada a la recomendación de algunas prácticas específicas que te permitirán habilitarte como un hacedor de sueños.

Quiero, antes de empezar, aclarar dos puntos que considero de vital importancia:

1. Gran parte de los conceptos prácticos que describiré más adelante NO SON DE MI AUTORÍA PERSONAL, sino que son el resultado del análisis del conocimiento de grandes hacedores de la historia.
2. Te recomendaré la misma metodología que me ha funcionado a mí para llegar a donde estoy, sin tratar de alardear de lo mucho o poco que he logrado.

Reitero que respecto de la autoría de los conceptos de este libro debo y quiero reconocer que yo no soy el autor. Me considero un excelente intérprete pero no el autor de dichos conceptos. El método, las recomendaciones prácticas han estado ahí, en los libros, en los seminarios y aulas; en las historias de éxito y en el análisis mismo de las vidas de los grandes hacedores de sueños de la historia, si bien es cierto que algunos matices, y, porque no decirlo, algunas ideas más o menos redondas son aportaciones personales, debo reiterar mi condición de intérprete y no de autor.

Hago esta aclaración por varios motivos: primero, por honradez, dentro de las cosas que pueden llegar a molestarme profundamente, está el plagio y reconocer que algunas personas aprovechan la ignorancia de unos para adornarse con el conocimiento de otros, me resulta denigrante, amén de incongruente.

El punto principal es aclararte que el método propuesto funciona, le ha funcionado a miles de personas en el mundo y a un servidor también; independientemente de los autores de dichas prácticas.

Como escribí en párrafos anteriores, no quiero alardear de lo poco o mucho que he logrado en mi vida, lo que sé es que si el diseño de la vida de cualquier persona, de la mía incluso, fuera aritmético, simplemente no resultaría exacto.

Permíteme un cuadro de referencia: soy el menor de cuatro hermanos, nací en una familia de clase media, mi madre trabajaba arduamente para sacar adelante a cuatro hijos sin la participación de un esposo, lo que además de la complicación económica implicaba una disfunción familiar, que es normal cuando no existe la figura paterna.

Mis estudios formales fueron en instituciones de gobierno y de mala calidad; aún no había terminado la secundaria cuando ya era responsable de mi economía personal.

Siempre fui muy independiente, la distancia entre el siguiente de mis hermanos y yo es de 5 años, lo cual en la vida adulta no influye, pero en la niñez y adolescencia, definitivamente, desfasa el tipo de vida y de intereses que podíamos compartir, ya no se diga entre los de mis hermanos mayores que, incluso, ya eran padres o estaban a punto de serlo cuando yo apenas vivía mi infancia.

Mi madre ocupada y mi padre ausente, me convertían en el hijo putativo de los padres de mis amigos, ya que estaba en cualquier casa... menos en la mía. Debo incluso aceptar que estas libertades o carencias me permitieron vivencias exquisitas, pero también acercamientos a ambientes blandos como fiestas o drogas que a pesar de que estuvieron presentes en mi entorno, mis valores no permitieron que lo estuvieran en mi vida.

El sueño de mi madre era que sus hijos siguiéramos su propio sueño de toda la vida: la fábrica de chocolates que había mantenido durante toda su vida (y mantiene hasta la fecha). Así pues, el mayor de mis hermanos era el gerente de ventas; el siguiente tenía una capacidad extraordinaria para el trabajo físico y la coordinación logística; el tercero era el mejor chef chocolatero que he conocido, y un servidor participaba incluso como obrero y después como auxiliar de oficina.

Tristemente, como sucede en muchos negocios familiares, los problemas del trabajo asistían con puntualidad a las cenas familiares distrayendo la armonía o convivencia, hasta que, y para no alargar demasiado el relato, los cuatro hermanos quedamos francamente convencidos de que lo que no queríamos ser en nuestras vidas: chocolateros.

Ya entrado en la adolescencia y con la influencia de mi primer amigo, quien a la postre se convirtiera en hermano, fui llevado de la mano, entre otras cosas, al mundo del teatro (él es ahora actor profesional muy exitoso) y comencé a gestar un primer sueño de adolescencia, entre bambalinas y escenografías: ¡quería ser actor!

Por supuesto que la decisión tomada a los 13 o 14 años no fue bien recibida por mi madre, quien básicamente respetó y permitió que fluyera en mí el sueño, pero afrontando la responsabilidad de terminar al menos la secundaría y hacerme cargo de todos mis gastos. El único apoyo del que dispondría sería del techo y las instalaciones del domicilio.

Aunado a eso, mi familia atravesó por la peor crisis económica de su historia, así que cada quien tuvo que "rascarse con uñas propias", aun queriéndonos ayudar entre nosotros, la verdad es que cada cual necesitaba más ayuda de la que podía ofrecer... entonces nos hicimos hombres.

En estos menesteres vivía cuando aprendí que el teatro es bellísimo pero... te mata de hambre. No obstante, el espíritu fortalecido y la inconsciencia juvenil me permitían sobrevivir con un par de galletas al día. Hacíamos pantomima en la plaza de Coyoacán y pasábamos el sombrero, aun en lo precario de esa existencia nos divertíamos y éramos felices.

No quiero alargar demasiado la reseña de mi vida, ya que realmente no creo que pueda serle de demasiado interés a nadie y, sinceramente, aún no logro todo lo que deseo como para atreverme a formular una autobiografía. La intención es sólo hacer referencia a que todas las variables de mi desarrollo individual y social bien podrían haber hecho de mí un simple mediocre más, las oportunidades que tuve, la condición de vida, incluso, el entorno bastante insano en el que viví pudo tener en mí, como consecuencia, una vida gris, nefasta y hasta dramática. Además, recuerdo haber estado en situaciones con riesgo de muerte por mera diversión, de ésas que vez a la distancia, te ríes y tú mismo no crees haber participado en ellas tan inconscientemente.

No obstante, en el camino fui descubriendo los conceptos de los que te he hablado y las prácticas de las que te hablaré.

Hoy comparto mi vida con una mujer a la que amo profundamente, tenemos tres mágicas criaturas que llenan de luz y de sentido todos mis esfuerzos con sólo sonreír y llamarme "papito"; la comparto también con amigos y familiares y con los miles de personas que asisten anualmente a mis cursos y conferencias. Tengo un estilo de vida muy por encima del que soñé tener, es más, muy por encima del que imaginé que existiera... ¡y aún quiero más!

Repito que todo lo anterior no lo escribo ni para autocompadecerme por lo difícil que ha sido mi desarrollo ni para alardear de lo completo que es mi presente o lo promisorio que pronostica mi futuro, escribo esto simplemente para darte un testimonio personal de que "podemos transformar nuestras vidas", de que no importa tu edad, tu condición económica, las carencias que pudiste tener, tu estado de salud, nada importa, cuando realmente quieres y estás dispuesto a pagar el precio de lo que quieres... ¡Puedes transformar tu vida!

En alguna ocasión leí sobre una demanda por fraude en Estados Unidos. El presunto responsable había insertado un llamativo anuncio en varias revistas de alta circulación dirigidas a un sector popular de la Unión Americana.

El anuncio, además de mostrar a personas disfrutando de abundancia, tenía un texto promesa más o menos en el siguiente tenor: "¿Quieres ganar 100,000 dólares fácilmente? Manda un sobre a la siguiente dirección con un billete de un dólar dentro, a vuelta de correo recibirás instrucciones claras de cómo ganar más de 100,000 dólares fácilmente".

La demanda era entablada por un pequeño grupo de personas que habían mandado su dólar al domicilio postal indicado y que por correo solamente recibieron una nota diciendo: "Gracias por tu dólar… haz exactamente lo mismo que yo hice".

Se alegaba que era un enorme fraude y que se había abusado de la ingenuidad y buena voluntad e incluso de la estupidez de muchas personas que mandaron su dólar. No obstante, en el desarrollo del juicio, el presunto responsable demostró que había recibido más, muchos más de 100,000 sobres con el respectivo e ingenuo dólar dentro. Quedó plenamente evidenciado que su método funcionaba, que no había engañado a nadie, pues la instrucción era sencilla y directa: "haz exactamente lo mismo que yo hice". El problema para quienes demandaron fue que no siguieron la instrucción a cabalidad.

Así pues, asevero que el sistema que te describiré funciona, en mí funcionó y sigue funcionado. La recomendación que puedo compartirte es "haz exactamente lo mismo que yo hice", toma los conceptos como tuyos y bríndate la oportunidad de intentarlo sin miedo a fracasar, pero más aún, sin miedo a triunfar.

Si damos por sentado que el éxito o la vida no tiene favoritos, si en verdad cualquier persona que desea alcanzar sus objetivos tiene la posibilidad de hacerlo, ¿por qué sólo un pequeño porcentaje de gente logra alcanzar los ideales que persigue?

Tener éxito o fracaso es una DESICIÓN, una decisión que se debe tomar en conciencia, aceptando, por supuesto, las consecuencias de nuestras acciones.

La mayoría de las personas tenemos una "zona de comodidad", una zona donde controlamos los sucesos de nuestra vida y hemos aprendido a vivir con sus consecuencias. Aunque nuestro estilo de vida no nos guste forma parte de nuestra zona de control, salir de esta zona implica aventurarse a triunfar o a fracasar.

Muchas personas pensarán que la gente no se arriesga por temor a perder, y es cierto, pero también es cierto que son más las personas que no se atreven a intentar algo por temor a triunfar.

¡¿Cómo?!

Efectivamente, el temor a triunfar es mucho más anquilosante que el temor a fracasar. ¿Te has preguntado por un momento qué pasaría con tu estilo de vida si realizaras todos los proyectos y sueños que has gestado en tu mente? Por supuesto que tu vida sería estupenda, pero más aún: sería muy diferente a lo que es hoy, tendrías una realidad absoluta y radicalmente distinta, para la cual nadie te ha preparado. Seguramente si el éxito y la felicidad nos llegaran de golpe ni siquiera sabríamos cómo comportarnos y perderíamos en poco tiempo lo que súbitamente llegó a nuestra vida.

Además, tendríamos que estar dispuestos a mantener nuestro nivel de vida en todas sus facetas y a modificar todo el esquema conductual, cambiar nuestra zona de confort y renunciar a aquello que nos ha acompañado cómodamente durante años. Nadie critica a aquel que no pierde nada, aunque no pierda nada simplemente porque nunca ha tenido nada que perder, pero la presión de tener que defender y mantener los resultados positivos puede ser tan grande que se convierte en un estímulo para nunca probar las mieles del éxito.

Antes de empezar, me permito reiterar, una vez más, la sentencia:

"Atrévete a soñar lo que estés dispuesto a lograr".

LO PRIMERO QUE NECESITARÁS SERÁ DEFINIR TU SUEÑO

La razón primordial por la cual este selecto grupo de personas avanzan mucho más en cinco años que el resto en toda su vida, es porque tienen o tuvieron un sueño, sabían adónde querían llegar, había objetivos claros en su vida, metas, ideales, y tenían claramente definido qué querían lograr y, probablemente, contaban con un elaborado plan de acción para ir logrando poco a poco dichos ideales y objetivos.

Antes de poder trabajar en el logro de nuestras metas, debemos definir éstas, de lo contrario, estaremos caminando en círculos. Si no tenemos claro el fin que queremos alcanzar, simplemente no podremos alcanzar nada, cierto, estaremos avanzando y en movimiento, pero este esfuerzo no nos llevará a nada puesto que no tenemos una finalidad definida.

Por el contrario, en el momento en que definamos claramente nuestro objetivo, tendremos ya las bases para diseñar el camino que seguiremos hasta alcanzarlo, y el esfuerzo será menor, ya que no desperdiciaremos nuestras capacidades en caminar por callejones sin salida.

Si tienes alguna duda de lo anterior, imagina por un momento un yate sin timón en alta mar, ¿crees que podría llegar a tocar puerto algún día?, por supuesto que no, y en caso de tocar puerto, se deberá a la suerte y, probablemente, este puerto no será el que quería visitar el capitán, o peor aún, la tripulación no se dará cuenta que está cerca de puerto alguno y, en consecuencia, no estará facultada para aprovechar las oportunidades y afianzarse en tierra.

Tú y yo debemos definir clara y específicamente cuál es nuestro objetivo, cuál es nuestra meta. Sé que puede resultarte demasiado sencillo, básico e inclusive obvio, pero tienes que escribir en un papel qué es lo que te gustaría lograr.

No trates de definir el contexto global de tu vida, lo único que lograrías sería provocarte angustia al ver la magnitud de la tarea, sólo plantea la siguiente meta, luego la que viene y después la siguiente.

Antes de pasar a la parte práctica, déjame establecer qué parte de nuestro ser logra metas:

Así como la principal función del corazón es bombear sangre para distribuirla por la red de venas y arterias, tal como la principal función de los ojos es capturar imágenes y transmitirlas a nuestro cerebro, cada órgano, cada músculo de nuestro cuerpo, tiene una función específica, de tal forma que si yo te preguntara: ¿qué parte de tu ser es la responsable de capturar sonidos?, lógicamente me contestarías que el oído, ¿qué parte es la responsable de procesar alimentos y aprovechar nutrientes?, el estómago, etcétera.

La respuesta aparente a la pregunta ¿qué parte de nuestro ser logra metas?, casi sin pensar, sería: "el cerebro". Pero, estimado lector, ésa es una respuesta equivocada.

El cerebro como tal es tan sólo una parte de nuestro organismo que participa en el logro de metas e ideales. Tiene sus múltiples divisiones: el consciente, el inconsciente, el preconsciente, y las zonas oscuras que la ciencia moderna aún no alcanza a conocer ni termina de investigar; se encarga además de la coordinación de todas las funcionalidades de nuestro organismo, como la de generar pensamiento e inteligencia, entendida como la capacidad de resolver problemas. El cerebro realiza también la función de almacenar datos y las tareas interesantísimas de analizar a nivel orgánico y funcional otros procesos tangibles o subjetivos que nos llevarían años de estudio. Pues bien, el cerebro y la mente, aunque son protagonistas indiscutibles del proceso de crecimiento y logros, no son los únicos que intervienen en él.

La respuesta correcta a ¿qué parte de nuestro ser logra metas? es la *psique*, mal definida como mente, su verdadero significado es *alma*. La psicología, por ejemplo, no es el estudio de la mente humana, sino del *alma* humana. De suyo, el estudio de la mente puede ser un tema titánico dispuesto a años de investigación, el estudio del alma implica aún un mayor reto, estableciendo que la primera es tan sólo una pequeña parte que conforma la segunda.

El alma aún está en estudio. Todavía no sabemos "dónde está" o "dónde no está". No sabemos cómo se enferma y, en la mayoría de los casos, tampoco cómo se cura. Sabemos que la mente forma parte del alma y que trabaja desde alguna parte de nuestro cerebro, pero el alma es la consecuencia de muchas cosas más que el sólo proceso de pensamiento, y tiene que ver también con nuestras emociones y su fuerza, con la escala de valores que aprendimos desde pequeños, con la suma de las programaciones inconscientes, con nuestra parte física, esto es, todo nuestro cuerpo, con nuestra parte abstracta, nuestra espiritualidad, nuestra genética y con las millones de combinaciones de todas ellas.

No pretendo siquiera tratar de explicar lo que es o no es el alma, dejo esa noble tarea a los cientos de científicos que estoy seguro que en unas cuantas generaciones más y, después de miles de investigaciones, podrán establecer claramente conclusiones acertadas al respecto. Pretendo, sí, invocar esa parte intuitiva y vivencial que poseemos todos respecto de la certeza de que nuestra alma es mucho más que sólo nuestra mente.

No obstante el ínfimo porcentaje de conocimientos que la humanidad ha podido acumular respecto al tema, contamos ya con conocimientos prácticos que nos permiten utilizar un cúmulo de potencialidades que hace algunos cuantos años ni siquiera sabíamos que existían.

Lo anterior permite resumir, casi a manera de dictado, los ingredientes que utilizaremos en nuestra receta: para lograr tus metas será necesario tu cerebro, tu mente, tu consciente, tu inconsciente, tu cuerpo, tu energía, tus emociones, tu amor, tu oxigenación, tu espiritualidad, tu religiosidad, tu pasado, tu presente, tu...todo y todo tú.

A fin de ofrecerte un camino realmente práctico, y para evitarnos complicaciones teóricas, llamaremos a ese todo **"tu genio interno"**.

Partamos también del principio básico y elemental de que toda realidad empieza en fantasía, todo lo que nos rodea, antes de existir no fue más que un sueño en la mente de alguien, analízalo y verás que es cierto.

No existe nada, absolutamente, nada creado por el hombre que antes de ser real no haya sido una idea, un sueño en la mente de alguien, comúnmente (aunque no siempre) en la mente de su creador.

En el lugar donde te encuentres en este momento, existen un sinnúmero de artículos y objetos reales. Pues bien, ninguno de estos objetos existió como realidad tangible antes de que algún ser humano como tú o como yo los imaginara y deseara convertirlos en realidad.

La pared, el escritorio, la silla donde estás sentado, el automóvil, la computadora, la luz y el foco, lo mismo que los botones de tu camisa, incluso la aguja con la que fueron cosidos, antes de existir físicamente, fueron un sueño en la mente de alguien.

Todo, absolutamente todo lo que nos rodea
antes de existir fue un sueño
en la mente de un ser humano.

Inclusive tú y yo, antes de existir físicamente, fuimos un sueño, una idea, una ilusión en la mente de nuestros padres.

Subrayo la existencia física porque, de hecho, fueron realidades mentales de su autor desde el momento mismo en que creyó en ellos, y no cuando los imaginó.

Richard Bach diría: "Todo lo que la mente del hombre puede concebir y creer... se puede lograr". Y científicamente esta aseveración está más que confirmada. Desde las pequeñas contribuciones cotidianas que hoy consideramos tan sencillas como el papel para escribir o los mondadientes hasta las espectaculares realidades de la ciencia moderna, las telecomunicaciones, la conquista del espacio o la cura a pandemias del pasado, todo, todo lo que la mente del hombre puede concebir y creer ¡se puede lograr!

Pero aquí nuevamente la realidad y nuestra percepción de la misma nos juegan una dura broma, pareciera ser que con sólo imaginar algo deberíamos lograrlo... pues no es así.

Miles y miles de ideas pasan por nuestra mente, y por nuestro cerebro día a día, toda la realidad concreta que conocemos no fue una realidad mental en el cerebro de nadie hasta que no creo primero: *una imagen mental* y, luego, la *certeza de poder materializarla*.

Las palabras clave son *concebir* y *creer*. Concebimos con la mente imágenes de lo que queremos, pero cuando creemos que podemos lograrlas automáticamente comienza a participar nuestra alma, nuestro genio interno. O bien, si te gusta más, todas esas ideas y fantasías en nuestra mente no se convierten en realidades mentales, en sueños, hasta que el alma las toma como suyas y les da un voto de confianza al *creer* que puede lograrlas.

Por supuesto que esto explica por qué muchas de nuestras ideas y fantasías simplemente no se materializan nunca, muchas inclusive rondan en nuestra mente durante años antes de que empecemos a hacer algo concreto por materializarlas, y es que el enemigo fundamental de nuestro genio interno somos nosotros mismos y las programaciones inconscientes de las que te hablé en capítulos anteriores. Surgen en nuestra mente ideas, pero antes de que nuestro genio se apodere de ellas, nosotros las desvalorizamos sin darnos la oportunidad de convertir estas fantasías en proyectos de sueño.

El segundo gran enemigo de esas ideas, de esos proyectos de sueño, son el medio ambiente y el grupo social. Al sabernos parte de una estructura social y haber aprendido a jugar con sus reglas, por supuesto que estamos expuestos a la crítica y a la condena, ya que aparentemente la cordura es una de las condiciones básicas del ser y pertenecer al grupo social en cuestión. El simple hecho de aceptar que existen ideas "fuera de la realidad" no sólo nos da la certeza de que hay algo mal con nosotros, sino que nos obliga, en aras de no romper el paradigma de la cordura, a enterrar esa idea en lo más profundo del olvido a pesar, inclusive de nuestras emociones y del sentimiento de frustración que esto implica. Para colmo, cuando acumulamos el suficiente valor como para aceptar estas ideas en nuestro genio interno y convertirlas en metas, la gente más cercana nos condena, sin juicio previo, a la inclemencia de la crítica y el aislamiento.

Y es francamente natural y hasta comprensible esta conducta del medio ambiente social, no estamos acostumbrados a soñar y, déjame ser retórico, no soñamos por costumbre, por lo tanto, cuando un "alguien" en nuestro entorno se presenta con un sueño y lo comparte, aun cuando para éste soñar sea ya una realidad mental arropada por el genio interno, para los demás no deja de ser una idea fuera de toda realidad y fuera de todo contexto. No es que no nos amen nuestros familiares y que por eso no siempre nos apoyen, por el contrario, nos aman tanto que se preocupan por nuestra condición de irrealidad y, si encima son personas que han fracasado en sus proyectos, tratan de pasarnos su experiencia al costo y de anticipar el posible sufrimiento que tendríamos al reconocer, como ellos, que esos sueños son simplemente... imposibles.

La zona de confort de la que hablamos anteriormente está formada justamente por nuestra realidad y también por la de la gente que nos rodea, lo cual implica que aceptar ideas nuevas, *irrealidades* aparentes, representa *anormalidades* que hay que corregir porque, en efecto, los soñadores no se ajustan a la norma, se salen de lo normal.

Pues bien, si las fantasías e ideas que has acumulado sobre ti mismo y sobre lo que quieres lograr aún prevalecen por encima de todos esos prejuicios y condicionantes, es momento oportuno de participar con todo tu genio, con toda tu alma, en su rescate, primero, y en su consecución progresiva, después.

Tu mejor aliado será pues "tu genio interno".

**Un mediocre se alimenta de realidades,
mientras un triunfador genera fantasías.**

EL GENIO INTERNO

El cerebro humano es la maquinaria más perfecta y su producción de resultados y sueños es prácticamente ilimitada, prueba de esto es la cantidad de metas, sueños y expectativas que bullen desde nuestro interior inquietándonos antes de dormir.

Tú puedes tener todo, absolutamente todo lo que desees, siempre y cuando estés listo para investigar: ¿qué es lo que quieres?, ¿qué tienes que hacer para conseguirlo? Y estar dispuesto a pagar el precio por aquello que en verdad quieres.

Conceptualiza a tu genio interno, justamente como eso, como un genio mágico salido de una lámpara que está ahí, justo para complacerte en todos y cada uno de los caprichos que le solicites. Considera que ésa es su tarea, su razón de existir, su única razón de ser, al grado de que cuando no le dices qué hacer, sólo se guarda en su lámpara durante años y se permite a sí mismo anquilosarse y morir.

Si lleváramos esta idea como eje central y pensáramos que en verdad caminamos por una playa solitaria y a lo lejos vemos brillar una lámpara que inocentemente rescatamos de la marea y frotamos para descubrir su brillo e imagináramos que de ella brota un genio estupendo y mágico dispuesto a satisfacer todos nuestros caprichos... veámoslo como realidad —juega conmigo—, a mí al menos me surgirían muchas preguntas:

¿Qué aspecto tendría el genio? ¿Tendría que parecer humano o podría manifestarse de cualquier forma fantástica? ¿De qué forma se comunicaría con nosotros? ¿Podrían verlo todos nuestros compañeros de vida, o sería visible sólo a la luz de nuestros ojos? ¿En qué idioma hablaría, en el del país cuya playa visitamos, o en el idioma que aprendió de su país y de sus propios padres cuando era apenas un geniecito o tal vez en el idioma del amo que frotó la botella? ¿Qué le pediríamos? Y si de veras nos concediera sólo tres deseos... ¿En qué los utilizaríamos?, por supuesto que siempre podríamos pedir dos cosas y utilizar el tercer deseo para pedir otros tres deseos más, pero, ¿cuáles serían esos dos primeros deseos? ¿Y si nos dijera que está muy ocupado y que tenemos que decidir ya, antes del anochecer, mientras estamos vivos? ¿Si nos explicara que no disponemos más que de un pedazo limitado de existencia llamado vida y que no puede esperar a escuchar nuestras instrucciones porque sabe que algunas tomarán tiempo para realizarse?

Ésas y muchas otras dudas más surgirían de nuestra avivada inocencia. Intentaré irte compartiendo algunas de las respuestas que he encontrado e incluso algunas de las que mi propio genio me fue confiando. Primero déjame decirte que estás a punto de encontrar esa lámpara, o al menos la llave de la covacha donde la guardaste hace muchos años, pero antes de frotarla y despertar al genio que habita en ella debes prepararte.

Lo primero que tenemos que hacer es SOÑAR libremente, escribir una lista ilimitada de todo lo que siempre hemos querido Ser, Tener o Hacer.

El trabajo arduo de alcanzar un sueño implica combustible y son, justamente, la fantasía, el sueño, la expectativa lo que nos moverá a la acción, lo que nos "motivará" a pagar el precio.

Una idea se convierte en fantasía, cuando la toma el genio se convierte en sueño, para materializarla, el genio la convierte en meta, la forma de hacerlo es: **Escribiendo.** Deberás escribir en un papel todo aquello que siempre has querido Ser, Tener o Hacer.

Dentro de las interrogantes de cómo comunicarnos con nuestro genio interno, creo que hay dos principales, la primera: ¿qué idioma habla el genio?, la segunda: ¿con qué estructura conceptual está diseñado su entendimiento?

EL "LENGUAJE GENIO"

Antes que nada debo darte paz... El genio habla tu mismo idioma, ya sea que estés leyendo esto en español, o en inglés, o en cualquier otra de las traducciones que seguramente se realizarán de mi libro (tengo que soñar y echarme porras, si yo no lo hago, ¿quién?)

En efecto, habla nuestro idioma, pero con su propio lenguaje, es decir, entiende todas y cada una de las palabras y códigos del idioma que hablamos, pero estructuralmente "acomoda" las palabras de acuerdo con su propio entendimiento, mismo que adquirió en el pasado y registró en nuestra mente inconsciente.

Para poder solicitarle nuestros deseos, tendremos, irremediablemente, que aprender a hablar el "lenguaje genio", esto te lo puedo asegurar: A él no le interesa comunicarse con nosotros, al menos no más que a nosotros comunicarnos con él. Él se puede complacer en todo lo que quiera ¡pues para eso es genio!, por lo tanto, somos nosotros los que tenemos que hacer el esfuerzo por aprender su lenguaje y darnos a entender con claridad.

Permíteme contarte un chiste: un esclavo de piel negra se encontraba perdido en el desierto completamente solo, después de varias semanas de ardua caminata y a punto de desfallecer, al fin encontró la lámpara de la que hablamos antes, la frotó e invocó al genio. Éste apareció y lo instruyó: "Eres mi amo y te complaceré tres veces". Nuestro amigo esclavo no estaba muy preparado para comunicarse con el genio, y entre el calor y el hambre no había mucha claridad en su cerebro, así que expresó sin pensar demasiado los más grandes anhelos que pasaban por su mente en ese momento justo: "Genio: quiero ser blanco, quiero contar con mucha, mucha agua, siempre, permanentemente, ¡agua! Y, además, quiero ver muchos traseros el resto de mi vida". El genio con su majestuosa voz contestó: ¡CONCEDIDO!, chasqueó los dedos y junto a un enorme estruendo, que iluminó el desierto... lo convirtió en WC".

Como podrás ver, el hombre recibió exactamente lo que pidió, aun cuando lo que recibió está muy lejos de ser lo que en realidad *quería* recibir. Así se comunica nuestro genio, habla nuestro idioma, pero no lo entiende como nosotros, tenemos que aprender a pedir exactamente lo que queremos recibir, a entendernos con él, o corremos el riesgo de recibir exactamente lo que pidamos.

Napoleón Hill lo diría —mucho más poético que yo— así: "Tenga cuidado con lo que pone en su mente y en su corazón, porque si lo desea con todo su alma, corre el riesgo de obtenerlo".

El "lenguaje genio" es, hasta cierto punto, complicado, pero de ningún modo difícil de aprender. Basta decir que es el primer lenguaje que aprendimos a decodificar, incluso mucho antes de que pudiésemos hablar. Es el lenguaje primario, la forma en que entendíamos la realidad cuando éramos niños, con simpleza, con reglas sencillas y elementos básicos, con un halo de literalidad y sencillez. Puedo darte otro ejemplo claro: ¿sabías que en el "lenguaje genio" la palabra "no" carece de valor simplemente porque no se decodifica?, piensa en tus hijos y en cómo pareciera ser que no entienden la letra "o" por lo redondo cuando les dices "no".

Juega conmigo: por favor, mientras estás leyendo estas líneas NO pienses en un elefante, NO.

Puedes pensar en una jirafa, en un cocodrilo, en un jaguar, pero, por favor, NO pienses en un elefante (así con sus orejotas, su trompa y todo).

¿En qué estás pensando? Lo ves, tu genio no decodifica, no le da valor a la palabra "no". Es ésta una de las explicaciones básicas del porqué nos cuesta tanto trabajo vencer un mal hábito. El problema empieza desde la forma en que nos hablamos y nos pedimos las cosas: "Me prometo que mañana NO voy a llegar tarde a mi trabajo". El mensaje, la instrucción que estás dando a tu genio en realidad y con la que él te complacerá, eliminando el "no" queda: "Me prometo que mañana __ voy a llegar tarde a mi trabajo". "Ya NO quiero fumar". "NO vuelvo a consentir que me grites" etcétera.

Sigue jugando conmigo: imagina, mientras lees este texto, un enorme paño de tela color rojo, un estupendo cortinaje de un rojo bellísimo, encendido... espectacular.

¿Ya? ¿Ya lo tienes en tu mente?, ¡perfecto! Oye... ¿y el elefante?, así es, simplemente se fue, aunque puede ser que aparezca levantando con la pata la cortina y vendiéndote cereal de chocolate.

Nuestro genio no trabaja por negación, cuando negamos algo simplemente lo reafirmamos. En cambio en el lenguaje genio avanzamos por sustitución. Para obtener lo que quieres y no lo que pides a tu genio, acostúmbrate a usar su lenguaje, cambia el "Hoy no voy a llegar tarde" por el "Hoy voy a llegar temprano". Sin ánimo de convencerte te digo que no es meramente una cuestión de semántica. El lenguaje genio nace con nuestra percepción primaria de las cosas, entre la séptima semana de gestación y los ocho o nueve años de edad, momentos en que el mundo tenía que ser sencillo y lógico para poder asumirlo como real, etapa en la que entendíamos lo real como sencillo y lógico.

La estructura conceptual del genio

Así como la forma en que pedimos las cosas afecta el resultado de lo que recibimos de nuestro genio por encima de qué le pidamos, has de saber que tu genio no funciona en forma tridimensional, tal como el mundo real que nos gestó. Para nosotros siempre hay un aquí, un allá y un entonces, un pasado, un presente y un futuro. Algo es alto siempre y cuando exista un bajo y un medio para compararlo; esta realidad, al igual que el lenguaje genio fue la forma en que aprendimos a estructurar conceptualmente nuestro mundo cuando éramos niños.

El reto consiste en convertir el pasado, presente y futuro en kayros, es decir, en "aquí y ahora", ya que tu genio no decodifica las tres dimensiones de tiempo, vive en el aquí y ahora siempre, aun cuando esté en el pasado, en el futuro o en el presente.

¿Cómo? A mí mismo no me quedó claro incluso cuando lo escribí. *Otra vez juega conmigo*: después de leer las instrucciones, cierra tus ojos y haz este ejercicio: busca en tu mente una escena de tu propia vida cuando tenías 6 o 7 años; la primera que te venga a la memoria, analízala y grábala; identifica cómo vienes vestido(a), de qué colores, con quién estás, dónde y qué estás haciendo. Conceptualiza y fija toda la escena antes de retomar la lectura, ya que te voy a hacer algunas preguntas cuando regreses... Cierra el libro y cierra tus ojos.

Bien, aunque te parezca estúpido... sigue jugando y ve contestando en voz alta, o mentalmente (si es que viajas en un avión y no quieres preocupar al de junto), viendo esa imagen de tu mente: ¿cómo vienes vestido?, ¿con quién estás?, ¿dónde estás y que estás haciendo?

Pues no, ni estás en el parque ni estás jugando ni estás con tus compañeros de la primaria; estás aquí y ahora (probablemente en un avión), pero... esa imagen de ti, ¿es o no es real?

¡Claro que es real!, estos segundos con tus ojos cerrados viendo esa imagen son perfectamente reales, ya que tu genio no decodifica el pasado como una irrealidad.

Osea que... esa imagen de ti mismo, ¿existe o existió?

La respuesta es hoy, aquí y ahora... existe. Existe porque existió en nuestro concepto de tiempo, pero para el genio simplemente existe... porque existe, porque él está en el aquí y el ahora que para ti o para mí sería nuestro allá y entonces.

Si pensáramos que nuestra vida entera es una película que está grabada en una cinta de video y regresáramos la grabación hasta las primeras escenas cuando tenías 6 o 7 años, es un hecho que encontrarías el cuadro exacto que recordaste en tu mente, ya que no existió, sino que existe en el aquí y el ahora en el que estás regresando la película. No importa lo que hagas, esa imagen sigue existiendo, y no digo seguirá existiendo porque implicaría un tiempo futuro, pero siempre estará aquí y ahora sin importar el momento histórico en el que la veas o la recuerdes.

Pues bien, cuando comencemos a solicitarle nuestros deseos a nuestro genio, tendremos que hacerlo respetando la estructura de tiempo en la que él vive, es decir, aquí y ahora. No obtendrás efecto alguno si le dices: "Quiero recibir tal o cual cosa", porque el enunciado no afirma que la estás obteniendo, sino simplemente que la quieres recibir, lo que implica un tiempo futuro que para tu genio... no existe. Tampoco es cuestión de darle un plazo de tiempo, porque recordemos que el genio no sabe interpretarlo: "Quiero viajar a la playa en dos semanas". Como tu genio vive sólo en el aquí y en el ahora, cada vez que le dices "en dos semanas" se renueva el plazo que tú mismo le ofreciste. Para ti han trascurrido cuatro días y faltan once para que se "venza el plazo" de las dos semanas, para tu genio no ha transcurrido plazo alguno porque está siempre en kayros, en aquí y ahora; y al escuchar tu deseo sigue interpretando "dentro de dos semanas", por lo tanto, nunca aterriza en acciones concretas que coincidan con nuestro esquema de "dos semanas". Nuevamente el asunto pareciera una trampa semántica para no obtener lo que pedimos, y es que volvemos al lenguaje genio, al lenguaje de los niños.

Explícale a tu hijo de tres años que estarás de viaje cuatro días, mientras no decodifique cuánto tiempo son cuatro días, cuándo termina o inicia cada día, no sabrá con certeza cuándo vas a volver. Cuando vuelves tampoco sabe con certeza cuánto tiempo estuviste fuera, lo único que sabe es que te extrañó mucho y lo único que importa es que ya llegaste, y que aquí y ahora estás con él.

Por eso en la estructura lógica de los niños no hay rencores y son tan auténticos. Es muy difícil que tus hijos despierten enojados por lo que les hiciste hace tres días, sólo viven su emoción de enojo aquí y ahora mientras ésta dure, segundos después, están listos para seguir sonriendo y prácticamente han olvidado el sentimiento de enojo, no hay rencores se enojan y se contentan en kayros.

Al crecer y hacernos adultos participamos activamente de la estructura tridimensional del mundo, y entonces seguimos dando valor a las cosas que sucedieron ayer, nuestras emociones se contaminan con estímulos del pasado, incluso del futuro (lo que creemos que pasará) e intoxicamos nuestra realidad con frustración, culpa o falsas expectativas. No estoy diciendo que esto sea bueno o malo, sólo estoy aseverando que nuestro genio funciona de manera distinta y que si queremos usar su fuerza, tenemos que considerar cómo entendernos con él.

El tipo de deseos que sabe cumplir

Así como el lenguaje y la estructura del genio son diferentes a los que cotidianamente usamos nosotros, has de saber que el genio es extraordinariamente lógico y práctico, y funciona bajo principios elementales de orden y sencillez.

Tu genio interno, por ejemplo, acomoda todos tus deseos en tres tipos o tres áreas de acción:

El ser
El tener
El hacer

Esto es, hay "deseos" que tienen que ver con lo que tú siempre has querido **hacer** y no has hecho, otros que tienen que ver con lo que siempre has querido **tener** y no tienes y otros más, que implican lo que siempre has querido **ser** y no eres.

Para comenzar con la parte práctica, y en congruencia con lo que hemos leído respecto de la importancia de escribir nuestros deseos, propongo que hagas una lista de sueños en cada una de estas tres dimensiones: **ser**, **hacer** y **tener**.

Bajo el concepto de que una idea se convierte en fantasía y luego en sueño, pero está muy lejos de ser lograda como realidad hasta que no la conviertes en meta u objetivo, el primer paso es escribirla claramente.

Quiero recordarte que deberás respetar todos y cada uno de tus sueños por fantásticos o irreales que te parezcan, recuerda que los sueños viven justamente en el terreno de la irrealidad.

Y aquí entra la discusión sobre si las metas deben estar fuera o dentro de nuestro alcance.

Algunos dirían muy escépticos: "Helios, las metas deben estar dentro de nuestro alcance, ya que si no las podemos alcanzar no son metas, sino fantasías estériles que generan frustración y tiempo perdido". Y si lo analizamos desde una óptica *real*, tienen toda la razón. La única razón de ser de una meta es lograrla, y si están fuera de nuestro alcance, vaya, si no es posible lograrla simplemente no es una meta y genera frustración.

Pero esta aseveración parte de un punto de vista *real*, y depende de las variables que ya describimos de nuestras posibilidades actuales y reales, la verdad, es que todas nuestras metas y sueños deben estar fuera de nuestro alcance, en el terreno de *la irrealidad aparente*, de lo que hoy no existe... pero puede existir, vaya, ¡de eso se trata!, de ponernos puntos en la distancia que hasta hoy no hemos podido alcanzar, pero que con el tiempo y con trabajo podemos alcanzar. La intención no es bajar nuestras metas, sino elevar nuestros alcances. Así como el único motivo de tener una meta es lograrla, la única razón de lograr metas es crecer, aumentar nuestros alcances.

No bajes tus sueños al nivel de tus bolsillos... sube tus bolsillos a la altura de tus sueños

Ya sé que muchos podrían decir: "Sí, Helios, pero imagínate que me pongo una meta completamente fuera de contexto como viajar a la Luna en bicicleta, está completamente fuera de contexto. ¿No te parece?". Lo primero que yo le preguntaría a este soñador sería: ¿realmente es un sueño que siempre has querido lograr?, ¿o es meramente una hipótesis absurda que te permita refutar el concepto que pretendo darte?

Si realmente es un sueño en tu mente y en tu corazón debe existir alguna forma de lograrlo por irreal o absurdo que pueda parecernos a todos los que no participamos de ese sueño como realidad en nuestra mente. Si realmente lo quieres lograr, si has sido capaz de concebir en tu cerebro la idea y tienes el valor de creer firmemente en ella, el método asegura que lo puedes lograr. No sé explicarte cómo lo lograrías, ése es trabajo de tu propio genio, pero seguro que lo lograrías, tal como Edison logró el correcto uso de la energía eléctrica, como Wilbur y Orville Wright lograron surcar los aires volando, o como el hombre ha logrado colocar los pies en la Luna. Todos estos ejemplos de locuras absurdas (y miles más) se han hecho realidad, porque algún corazón creyó en ellas lo suficiente como para ponerse a trabajar en materializarlas.

Así pues, si realmente quieres ir en bicicleta a la Luna, tendrás que aumentar tus alcances y callarnos la boca a todos los criticones y mediocres que no vemos en nuestra realidad las posibilidades que tú ves en la tuya. Si, por el contrario, tu cerebro te traiciona y propones la idea solamente para rebatir el punto, la verdad es que carece de importancia, no se trata de quién tiene razón, sino de qué quieres y qué no quieres lograr, ni siquiera me voy a permitir desperdiciar tiempo en detenerme a explicarte la razón de tu resistencia (pero puedes volver a leer los capítulos del principio).

El objetivo es ampliar nuestros alcances y transformar nuestra realidad a través de la materialización de nuestros sueños. Permíteme darte un ejemplo que me apasiona: hace más de 40 años el ser humano logró pisar la superficie lunar, en lo que se considera toda una hazaña, mas si reparamos un segundo en la tecnología que existía hace 50 años, resulta que cuando el proyecto surgió como meta, la idea en tono de fantasía de poder logarlo llevaba más de 140 años de antigüedad, desde que fue plasmada por Julio Verne en sus fantásticos libros.

Pues bien, hoy es una realidad, es un hecho que cuando surgió la meta, simple y sencillamente la Luna estaba fuera de nuestro alcance, nadie con la cabeza fría podría aseverar lo contrario, pero hoy el ser humano se puede vanagloriar de su destreza porque ya pisó la Luna, y nadie con la cabeza fría podría tampoco negar la realidad.

Lo fabuloso del ejemplo es que hace 140 años, igual que hace 50 e igual que hoy, la Luna siempre ha estado exactamente en el mismo sitio, es decir, fuimos nosotros los que aumentamos nuestros alcances, la Luna no tenía el menor interés en ser conquistada, no ayudó en lo más mínimo, siempre estuvo ahí.

El asunto primordial es lo que realmente QUIERES pedirle a tu genio y me gusta pensar que por eso sólo te concede tres deseos, para que los utilices en lo que realmente quieres o has querido durante toda tu vida. Si de verdad quieres usar uno de tus deseos en visitar la Luna en bicicleta, adelante, te puedo asegurar que aunque hoy no está a tu alcance, puedes hacer crecer tus alcances y lograrlo.

TENER, SER Y HACER

Vayamos al tan anunciado camino práctico: deberás comenzar por escribir en tres listas de deseos lo que siempre has querido Tener, Ser, y Hacer.

Para clarificar cada faceta déjame explicarte que la lista del "Tener" tiene que ver únicamente con realidades tangibles y concretas, cosas como economía, objetos, autos, casas, deseos concretos y cuantificables.

La lista de lo que siempre has querido "Hacer" tiene que ver con las realidades tangibles que dependen más de tus habilidades motrices, cosas como "hacer un viaje", "limpiar la covacha", "pintar un cuadro" o "correr una carrera de resistencia".

Y la lista del "Ser" es una combinación entre las dos primeras, de hecho, es "en lo que te conviertes" cuando logras las metas del Tener y las del Hacer.

Por ejemplo: un sueño del Hacer puede ser "pintar un cuadro" o "correr una carrera de resistencia", pero no necesariamente te interesa Ser pintor o maratonista.

Si tu meta fuera Ser un excelente padre de familia, tendrías que Hacer ciertas cosas como pasar más tiempo con tus hijos, controlar tu mal humor y jugar con ellos, combinándolas con otros objetivos del Tener, como proveerles de una buena educación, producir suficiente dinero para mantenerlos en un estilo de vida adecuado, la meta de Ser un buen padre suma objetivos del Tener y del Hacer.

Así pues, la lista del Ser tiene que ver con la forma cotidiana de vida: "Siempre he querido Ser un buen padre, doctor, mejor amigo, maestro o lo que quieras.

Hay propuestas de autores varios que te invitan a centrar tu atención en algún tipo de sueño, sea del Tener, del Ser o del Hacer.

Por ejemplo (las que más me gustan a mí) si te enfocas en Ser lo que quieres, en forma implícita tienes que crecer tus fronteras del Hacer y del Tener, la proyección de este tipo de metas es siempre a largo plazo; el inconveniente es que si nunca has trabajado a conciencia con este método, las metas de largo plazo son más difíciles de llevar a la realidad, ya que hay que ir señalando en el camino "previos entregables" que te den certeza de que estas avanzando para no desmotivarte y claudicar.

Por otra parte, las metas del Tener y del Hacer son más concretas, su finitud más corta, por lo que el sentimiento de crecimiento al lograrlas se vive en el corto plazo, lo que te incentiva a seguir avanzando en la lista de metas hasta que te conviertes en lo que querías Ser antes de Hacer y Tener lo que escribiste en ellas.

Tal vez por este motivo, combinado con la globalización y la apertura comercial, la sociedad en su conjunto se ha movido sólo a metas del Tener, pretendiendo satisfacer sus vacíos internos con objetos, olvidando que éstas son sólo la metas del camino, y que el fin final son las del Ser, sin que a lo anterior le colguemos texturas espirituales o parapsicológicas... simplemente Ser lo que tú quieras Ser.

La faceta espiritual, la trascendencia y la paz interior son proyectos de vida aún más profundos, pero a mí me gusta identificarlos más como eso, como proyectos de vida, como estilos de existencia más que como una metas o sueños, creo que tienen más que ver con la forma en que caminas todos los días el camino, si haces pausas para disfrutar el paisaje, si entiendes que no lo caminas solo, sino que formas parte de algo más grande... que con el destino mismo.

Regresemos al método práctico:

En la lista que deberás escribir respecto de qué siempre has querido Ser, Tener o Hacer, también hay reglas conceptuales que tu genio requiere para interpretar y obedecer tus deseos:

1. No pidas algo que implique obtener más de una cosa.
2. No pidas nunca dos cosas de un mismo rubro (de una misma lista) al mismo tiempo.

Por ejemplo, en la lista del Tener podrías decir: "Quiero tener 10 millones de dólares y con eso me ahorro la lista del Tener, ya que con esa cantidad me alcanza para todo lo que yo podría querer Tener". Tu genio simplemente no sabe trabajar así (más adelante te explicaré por qué), deberás escribir, cosa por cosa, lo que siempre has querido Tener.

En la segunda regla debo explicarte que tu genio tiene una extraordinaria limitación: No sabe trabajar por dos deseos del mismo rubro al mismo tiempo, no sabe cómo. Si le pides a tu genio, por ejemplo, un coche y una casa, lo más seguro es que recibas una casa rodante y que sea muy diferente a lo que querías recibir. No digo que no puedas tener muchos, muchos sueños de cada área de trabajo, simplemente escríbelos por separado, una casa, un coche, etcétera. Y ten la suficiente paciencia de permitir que el genio te de primero uno y después el otro.

La lista del Tener es la más sencilla de elaborar, ya que contiene únicamente realidades tangibles. Ahora, si te parece, trabajaremos todo el método práctico con la lista del Tener, considerando que en las facetas del Ser y del Hacer podrás trabajar sin problemas en la medida en que comprendamos la metodología, que es exactamente igual que en la faceta del Tener.

Comencemos tu lista, pero también bajo algunas reglas muy sencillas:

Cuando hablamos del Tener, nos referimos a todas aquellas cosas que puedes obtener intercambiándolas por dinero. Realidades tangibles, que pueden materializarse con la palanca de la economía.

En este punto hay una trampa semántica que siempre confunde las metas del Tener con las del Hacer:

—"Mi meta es **tener** una familia integrada".

—¿Puedes intercambiar una familia integrada por dinero? ¿Hay algún lugar donde te la vendan?

—Pues no.

—Pues entonces ésta NO es una meta del Tener, sino del Hacer.

—"Mi meta es **tener** buena salud".

—¿Puedes comprar en algún lugar kilos de buena salud? ¿Puedes intercambiar la salud por dinero?

—No.

—Pues entonces tampoco es una meta del Tener, sino del Hacer.

—"Mi meta es **tener** un restaurante".

—¿Vas a ir a comprar un restaurante a la calle? ¿Buscas un traspaso o alguien que te venda uno funcionando? ¿Lo vas a intercambiar por dinero?

—No, Helios, lo que quiero es "ponerlo".

—Ah, qué bien, te felicito, pero entonces tampoco es una meta del Tener, sino del Hacer.

En todos estos ejemplos la redacción de tu meta es vaga para el entendimiento de tu genio, probablemente eso explica porque llevas tantos años teniendo esas inquietudes y proyectos pero nunca se han materializado.

Las metas del Hacer son más profundas y complicadas que las del Tener, si bien éstas se logran produciendo un extra de dinero continua y disciplinadamente, para aquéllas (las del Hacer) se requieren varios esfuerzos, además de dinero, si las etiquetas en la canasta del Tener, siempre te vas a quedar corto.

Puedes Tener el dinero para comprar la bicicleta, e incluso pagarle a tu entrenador personal para que se suba a ella a hacer ejercicio, pero con sólo dinero no podrás Tener una buena salud nunca.

Otro factor importante, al momento de hacer tu lista del Tener, es la espontaneidad, el título de la lista es clave: "Escribe aquí todo lo que siempre has querido Tener"; y la palabra clave es "querido". Este término está directamente relacionado con tu hemisferio emocional, no con el cognitivo (lo veremos más adelante), pero necesitaremos de toda tu emocionalidad para lograr las metas, piensa que si fuera sólo con el racional... ¡ya las habrías logrado!

Esta postura mental te puede resultar de ayuda al momento de hacer tu lista. Imagina que tu genio te dice: "Bien, trabajemos con tu lista de lo que siempre has querido Tener, te voy a conceder solamente cinco minutos de mi tiempo, todo lo que seas capaz de escribir con las reglas anteriores, en el siguiente listado, te lo voy a conceder, pero aquello que no seas capaz de escribir ahora no será tomado en cuenta".

Uno a uno, escribe tus deseos referentes a lo que quieres Tener. Anótalos como ideas aisladas del lado derecho de la siguiente tabla y no continúes con la lectura de este libro hasta haber realizado esta lista:

1. No pidas una cantidad de dinero que te permita lograr más cosas.
2. Escribe sólo aquellas cosas que puedes intercambiar por dinero.
3. No escribas más de una cosa por cada renglón.
4. ¡Apúrate!

Todo lo que siempre he querido Tener

¡Felicitaciones!, has dado el primer paso concreto en la consecución de tus sueños... escribirlos.

Ahora, te recuerdo que tu genio tiene la extraordinaria limitación de no saber trabajar en dos metas del mismo rubro al mismo tiempo, por lo que una vez escritos el paso siguiente es darles prioridad, es decir, establece qué es lo que quieres primero, pero, precaución, no establezcas "qué es lo primero que **puedes** tener primero", sino "qué es lo primero que **quieres** tener".

Recuerda que tus sueños viven en el terreno de lo irreal, por lo que si estableces tus prioridades desde el terreno de lo real solamente estarás desperdiciando capacidad energética y emocional sobre tus sueños que, más adelante comprenderás, es la gasolina que te llevará a ellos.

Tampoco permitas que otras personas señalen la prioridad de tus deseos, menos aún permitas que sean deseos y sueños compartidos. Un ejemplo cotidiano es la probabilidad que en tu lista del Tener hayas pedido un coche y una casa.

Cuando te pido que le des prioridad a tus peticiones, tu primera intención podría ser el coche, eso es lo que realmente quieres primero (hemisferio emocional). No obstante, puede ser que una vez que lo pienses mejor (hemisferio racional), el sentido común te diga: "No, no y no, primero la casa". Es más, si no hay casa..., ¿adónde guardarás el coche?, es posible que entonces cambies la prioridad de tus deseos.

El problema está en que "lo pensaste mejor" y usaste el "sentido común", y tanto el pensamiento como la lógica viven afianzados al entorno de tu realidad actual, a lo que se considera correcto o conveniente. Si cambias tu prioridad debido a ese análisis y pones primero la casa y luego el coche, lo más seguro es que nunca logres la casa, o te tardes el doble de tiempo en conseguirla. Te recuerdo que la parte de ti que logra los sueños es tu alma, tu genio, tu corazón, tus emociones, tu espiritualidad, tu todo y todo tú... ¡todo tu ser! Si permites que sólo una parte de ti, el pensamiento lógico y el sentido común, decidan qué es primero, sólo ésas dos partes de tu ser estarán trabajando por la casa, pero todo lo demás, toda tu energía y entusiasmo, todo tu genio estará frustrado y distraído deseando el coche, por lo que no podrás focalizar toda tu energía ni a una meta... ni a la otra.

Puede ser, incluso, que al comprender esto vuelvas a cambiar el sentido de tus prioridades y respetes tus propios deseos: "El auto es primero y punto". Bien, felicidades. Ahora deberás lidiar con tu entorno, con aquellos que, desde su óptica, no ven tus realidades mentales más que como fantasías, ¿recuerdas? A lo mejor, es tu propia pareja la que aboga por el sentido común: "Mi amor, estoy orgullosa de tu lista de deseos, pero, por favor, reconsidera, la casa es primero, fíjate cómo vivimos, no vas a andar por ahí en ese carrazo que quieres mientras nuestro domicilio está tan lejos de encajar con ese auto".

Nuevamente tendrás que resistir, nuevamente, según la explicación dada en párrafos anteriores, a tu auto lo quieres con toda tu alma, la casa puede esperar, además sólo tendrá que esperar algún tiempo, es decir, no estás renunciando a ella, la estás postergando en aras de la energía creativa y productora que surge en ti respecto al coche. Seguro que cuando este primer deseo esté logrado, tú y tu genio estarán suficientemente fortalecidos como para lograr obtener la casa en mucho menos tiempo del que te hubiera llevado si la considerabas como prioridad.

Para concluir la reflexión escrita y pasar a la etapa de prioridades, déjame aclarar que tampoco te estoy sugiriendo que el coche deba ser primero que la casa, incluso, ésa podría ser sólo mi percepción, lo importante es que elijas qué quieres por encima de lo demás.

Así pues, te puede ayudar el siguiente método:

Ya tienes una lista de deseos de lo que siempre has querido Tener, tu genio la revisa y te dice: "Bien, muy bien, pero te tengo malas noticias, solamente te voy a conceder uno de todos estos deseos del Tener". ¿Qué te gustaría por encima de todos, amo?" Si te dijera: "Escoge uno, sólo uno, con la conciencia de que todos los demás serán cancelados". ¿Con cuál te quedarías?

Después de analizarlo unos cuantos segundos elige alguno de tus deseos y pon el número "1" a su lado izquierdo.

Una vez hecho esto, tu genio te dice: "Bueno, bueno, está bien, te concederé uno más, pero sólo uno más, de todos los que quedaron en la lista…" ¿Cuál prefieres no perder?, a ése ponle número "2" y, así sucesivamente, haz lo mismo con todos los demás.

Regresa a tu hoja de deseos y establece tus prioridades.

Hasta aquí hemos trabajado solamente con tu lista de deseos, pero recuerda que una idea se convierte en fantasía, luego en sueño, pero que para poder materializarla deberás convertirla en meta.

En los siguientes capítulos llamados "Pasos de la fijación de metas" te explicaré cómo hacer de tus sueños metas claras y alcanzables.

Tienes la opción, si así lo deseas, de pasar directamente a convertir tus deseos de la lista del Tener en metas o, por otro lado, de "bajar" tus ideas y fantasías en sueños de las listas del Hacer y del Ser.

Mi recomendación personal es que dejes al menos empezadas las listas del Ser y del Hacer antes de detallar tu primera meta del Tener, ya que así como tu genio tiene la imposibilidad de trabajar por dos metas de la misma lista al mismo tiempo, también tiene la extraordinaria capacidad de trabajar por una meta de cada una de las listas en forma paralela. Para eso, tendrás, por supuesto, que convertir un sueño de cada lista en meta, haciendo tres recorridos al mismo tiempo.

Tu genio puede trabajar, por ejemplo, por darte el auto de la lista del Tener, al mismo tiempo por el campeonato de ventas de la lista del Hacer y por la especialización académica de la lista del Ser. Como puedes observar las tres metas se interrelacionan ayudándote unas al logro de las otras.

Puedes también optar por terminar el método completo de la lista del Tener y, después de haberlo asimilado perfectamente con un ejemplo concreto, reiniciar el camino con las listas del Hacer y del Ser.

Todo lo que siempre he querido Hacer

Todo lo que siempre he querido Ser

ESTILO DE VIDA "A" Y ESTILO DE VIDA "B"

Antes de pasar a la explicación y práctica de la fijación de metas, debemos asegurar que tienes los cimientos adecuados para sostener tus proyectos.

Todos los seres humanos, por naturaleza, estamos dispuestos a crecer en lo personal y a que este crecimiento repercuta en nuestras familias. Sin embargo, pocos son los que cuentan con los elementos teóricos y prácticos que les permitan "dibujar y construir" la carretera que los lleve directo a sus metas. La construcción de esta carretera es perfectamente viable, sólo que, como dijimos en capítulos anteriores, tienes que "investigar qué tienes que hacer... y hacerlo". Pero aun cuando termináramos a detalle el mapa del camino no nos serviría de nada sin establecer un punto de partida.

"Camina 20 pasos grandes al norte, 45 medianos al oeste, 53 normales al sur y ahí cava tres metros y encontrarás un excelente tesoro". Sí, pero, ¿desde dónde comienzo a caminar hacia el norte?

Por la naturaleza práctica que conviene conservar en esta obra, hablaremos en adelante de cómo modificar nuestra realidad económica en forma prioritaria de nuestra lista del Tener, aun cuando los conceptos y metodología se aplican perfectamente para las tres listas de deseos.

Partamos de la base de que te interesa mejorar tu situación económica, y de que vincularemos todo este capítulo al logro de metas materiales aunque, por supuesto, el método funciona igual para metas del Hacer y del Ser.

El primer paso radica en ubicarnos en nuestra realidad actual, cómo y dónde estamos realmente, no cómo y dónde nos gustaría estar.

Premisa básica: más allá de cualquier tipo de motivación, o estimulación interna o externa, las personas (tú y yo) trabajamos, NO por dinero, sino por lo que con el dinero podemos hacer.

El dinero, como tal, no es más que un camino, una herramienta o un vehículo. Lo que realmente nos motiva, lo que *nos mueve*, es lo que podemos hacer y resolver con dinero: la renta, la alimentación, las colegiaturas de los chicos, etcétera. Para las tres listas de deseos existen dos "estilos de vida" diferentes, a los que en adelante identificaremos como "A" y "B".

El "estilo de vida A" está compuesto por nuestra realidad actual tal y como es: el carro que tenemos, la casa donde vivimos, el tipo de vestimenta que usamos, la cantidad de hijos que tenemos, la escuela a la que asisten, las cuentas bancarias, etcétera, nuestra realidad exacta, tal cual es.

El "estilo de vida B" es el terreno de nuestros sueños, es la cuna de nuestra lista de deseos: el carro que quisiéramos tener, la casa que nos gustaría habitar, la cantidad de hijos que quisiéramos tener, el vestuario que nos agradaría poder utilizar...

Cualquier curso o libro motivacional te invita constantemente a ponerte metas y a soñar, y las técnicas de cualquier conferenciante, más o menos experimentado, te permitirán efusiva y eufóricamente recibir la invitación: "Tú puedes lograr lo que quieras lograr... sueña". Y es cierto pero, pocas veces, según lo vimos en capítulos anteriores, recibes el "a, b, c" de cómo lograr lo que quieres. Entendámoslo, con la sola motivación y estimulación, no vas a lograr nada, por eso me permito reiterar:

"Tú puedes lograr absolutamente todo,
no lo que quieras, sino lo que estés
dispuesto o dispuesta a lograr".

Hasta este momento de la lectura, hemos analizado varios de esos "a, b, c" de los que te hablo, y pareciera que estamos listos para diseñar el mapa del tesoro, pero mi intención no es sólo motivarte, sino ayudarte. La lista de deseos que has escrito implica los tesoros que quieres encontrar. En los capítulos venideros dibujaremos el camino y las acciones necesarias, pero yo sería muy irresponsable si "te pongo a trabajar en el mapa" sin aclarar cuál es el punto de partida.

Antes de que tu genio pueda hacer algo por tus sueños y deseos, debes contar con la plataforma de realidad que permita que él trabaje; esto es, debes analizar claramente tu estilo de vida "A" y cerciorarte de que cuentas con los medios cotidianos que te permitan vivir como hoy vives, sin mayores complicaciones.

Déjame ser crudo: si el primero de tus deseos fuera la compra del famoso coche, podríamos asegurarnos de diseñar el camino para lograrlo, pero si no consideramos que, en ocasiones, nos cuesta demasiado esfuerzo pagar la colegiatura de los niños u otras necesidades básicas, no hay poder humano, ni genio alguno que pueda trabajar adecuadamente por tus sueños, ya que la motivación primordial del hemisferio cognitivo de tu cerebro (real) será la de satisfacer tu condición de vida actual (también real), y poco espacio dejarás para tus sueños y metas, ya que forman parte del mundo irreal, y como hoy no están y no han estado durante mucho tiempo, no importa si esperan un poco más por encima de tus prioridades de vida actual, al menos ése es el racional de tu cognitivo.

Entonces, antes de provocarte frustración, angustia o estrés innecesario, avanzando en tus metas, debemos analizar tu realidad "A" y establecer claramente y con exactitud qué es lo que necesitas para mantener tu vida actual "sin problemas", de lo contrario, no avanzaríamos, o en el peor de los casos no más de lo que tendríamos que regresar después.

El primer paso es y será hacer una estrategias que nos permita vivir holgadamente en nuestro "estilo de vida A", y sólo cuando éste esté perfectamente estable y sólido, empezaremos a trabajar por metas y sueños.

El paso número uno será ubicar exactamente las necesidades económicas reales y actuales que tienes, y establecer qué debes hacer en materia de productividad para satisfacerlas, con esta base, se elaborará un plan de trabajo a profundidad, desglosando paso a paso qué actividades o tareas deberás cumplir y en qué tiempo, lo que puede incluir a lo mejor buscar una fuente adicional de ingresos, trabajar los fines de semana, dedicarte a otra cosa o incrementar tu productividad en tu actividad actual.

Puede ser que en tu cuenta corriente tengas un déficit entre lo que obtienes y lo que necesitas para vivir como vives, y te preguntarás: ¿cómo puedo trabajar por mis metas del Tener (irrealidades) si apenas me alcanza para vivir como vivo hoy (realidades)?

Y el asunto es más grave aún, porque tu genio no tiene nada que ver con tus realidades actuales, por lo que no le importa demasiado ese déficit, simplemente considera que de eso debes encargarte tú mientras él se encarga de las metas y sueños.

Pues bien, el genio tiene bastante de muchas cosas pero, aun cuando te parezca ilógico, es poco inteligente, pero muy emocional, y podemos engañarlo fácilmente con el uso correcto del conocimiento del lenguaje y la estructura conceptual de genio.

Haremos pues que ese déficit se convierta en uno de tus primeros deseos de la lista del Tener, y eventualmente lo convertiremos en la primera prioridad de la misma, para que no seas tú solo quien tengas que enfrentar la enorme responsabilidad de trabajar para reducirlo, sino que cuentes con la alianza de tu genio interno.

Así pues, te sugiero que comencemos con un breve autoanálisis de nuestra economía. A continuación, te propongo un cuestionario de los gastos que cotidianamente tenemos que enfrentar (este cuestionario está disponible en internet en http://www.hhconsultores.com/hacedores.html) y la actualizamos periódicamente; podrás bajarla sin ningún costo adicional.

La idea es que vayas contestando cada renglón exactamente como hoy es, y no como te gustaría que fuera. Si, por ejemplo, una persona vive con sus padres o con sus suegros y no paga renta, pues sencillamente no debería apuntar nada en ese renglón. Sé que a esa persona le gustaría tener su propia casa, pero eso es algo que seguramente debió haber "solicitado" en su lista del Tener (ya que está en el estilo de vida "b"), y estará en su vida en poco tiempo, tenemos primero que resolver el punto de partida, la realidad.

**Nuestro primer objetivo es lograr
que nuestro genio satisfaga plenamente
y con holgura nuestras necesidades
económicas actuales del estilo de vida "A"**

Necesidades económicas del estilo de vida "A"

Analiza todos los conceptos del cuestionario antes de empezar, ya que, de lo contrario, pensarás que algunos gastos no están contemplados en la encuesta y los sumarás a otros, cuando en verdad aparecerán en rubros más adelante.

Después de leer toda la encuesta te recomiendo contestar con lápiz e incluir en los renglones vacíos aquellas cosas que no contemplé de tu economía. Te recuerdo que este material está disponible en internet para que puedas repetirlo cuantas veces quieras (inclusive me puedes mandar como recomendación los rubros que omití para incluirlos en próximas ediciones) en www.hhconsultores.com/hacedores.html. Está a tus órdenes.

Todas las cantidades deberán ser expresadas exactamente como las erogas, sin variar o imaginar, declarando la economía presente tal como se encuentra, y no como nos gustaría que estuviera.

La idea es totalizar gastos mensuales, por lo que aquellas categorías que implican gastos quincenales deberás multiplicarlas por dos, las que implican gastos semanales multiplícalas por 4.5 (porque hay meses de 4 semanas y otros de 5 semanas), y aquellas que sólo erogas una vez al año, divídelas entre 12.

1. Gastos mensuales de sobrevivencia

Concepto	Semanal	Mensual
Renta o hipoteca		
Teléfono		
Luz		
Agua		
Celular		
Gas		
Alimentación personal en la calle (Analiza cuánto gastas en el desayuno, comida o cena considerando un día cotidiano, y multiplícalo por 22 días (cotidianos) al mes, no incluyas comidas especiales o celebraciones.)		22
Gasto familiar en consumibles: "súper" mensual	1	
Gasto familiar en consumibles: "súper" quincenal	2	
Gasto familiar en consumibles: "súper" semanal	4.5	
Ayuda doméstica		
Mantenimiento de casa (jardinería, ayudantía y otros)		
	Total	$

Alcanza tus sueños

2. Gastos familiares mensuales

Concepto	Semanal		Mensual
Colegiaturas mensuales (todas)			
Colegiaturas anuales prorrateadas entre 12 (inscripciones y demás)		1 0 2	
Útiles y uniformes al mes			
Mesada por cada hijo (sumar "domingos")		4.5	
Médicos y medicinas de hijos al mes			
Médicos y medicinas de pareja (sólo si tú los pagas)			
Médicos y medicinas personales			
Otras colegiaturas mensuales (natación, pintura, inglés)			
Mantenimiento de casa			
Vigilancia			
		Total	$

3. Gasto mensual de transportación

Concepto	Semanal		Mensual
Pago de mensualidad de automóvil			
Gasto diario de transporte por 25 días		25	
Gasto familiar de transporte por 25 días		25	
Gasto mensual de mantenimiento de automóvil (Prorratea los servicios o reparaciones que recuerdes del año pasado entre 12)		12	
Gasolina semanal		4.5	
Lavado de auto		4.5	
Tenencia (entre 12)		12	
Seguro de auto (entre 12)		12	
Verificación (entre 12)		12	
		Total	$

4. Gasto mensual de representación

Concepto	Semanal		Mensual
Última vez de tiendas	$		
Veces de tiendas al año			
Prorrateo mensual	12		
Tarjetas de presentación			
Muebles y artículos de oficina			
Renta de internet			
Computadora, programas y servicios	12		

Ropa y accesorios de pareja

Concepto	Semanal		Mensual
Última vez de tiendas	$		
Veces de tiendas al año			
Prorrateo mensual	12		

Ropa y accesorios de hijos

Concepto	Semanal		Mensual
Última vez de tiendas	$		
Veces de tiendas al año			
Prorrateo mensual	12		
Lavandería y/o tintorería	4.5		
Aseo de zapatos	4.5		
Salón de belleza o estética			
Propinas			
		Total	$

5. Diversiones y vacaciones

Concepto	Semanal		Mensual
Gasto de fin de semana por 4.5 (Suma la realidad de un fin de semana analizando, por ejemplo, el pasado, incluye todos los gastos por pequeños que te parezcan)		4.5	
Diversiones extras al mes		1	
Vicios de gasto diario por 30 días		4.5	
Vicios de gasto diario por 30 días (Considera también hábitos o gustos que impliquen gasto, por ejemplo, rompecabezas o coleccionables)		30	
Gasto anual en vacaciones entre 12		12	
Renta de televisión por cable			
Club deportivo o social		1	
		Total	$

6. Otros gastos mensuales

Concepto	Semanal		Mensual
Costo anual de seguro de vida (Prorrateo mensual)		12	
Costo anual de seguro de gastos médicos		12	
Apoyos a padres o familiares			
Ahorros o inversiones			
Pago de deudas (Sólo las que realmente estás pagando, no las que te gustaría pagar. No se consideran las cuentas corrientes)			
		Total	$

7. Gastos afectivos (regalos y fiestas) prorrateados entre 12 meses

Concepto	Semanal		Mensual
Cumpleaños			
Tú mismo		12	
Pareja		12	
Hijos (Sumar el regalo o gasto de cumpleaños de todos entre 12)		12	
Suegros y padres		12	
Hermanos y cuñados (Sumar el regalo o gasto de cumpleaños de todos entre 12)		12	
Navidad			
Tú mismo		12	
Pareja		12	
Hijos (Sumar el regalo o gasto de cumpleaños de todos entre 12)		12	
Suegros y padres		12	
Hermanos y cuñados (Sumar el regalo o gasto de cumpleaños de todos entre 12)		12	
Cena navideña de familia		12	
Cena navideña del negocio		12	

Ocasiones especiales			
Día de la Madre (con todo y suegra)		12	
Día del Padre		12	
Día del Maestro		12	
Día del Abuelo		12	
Día del Niño		12	
Otras fiestas o compromisos		12	
Día de la Secretaria		12	
14 de febrero • Día de San Valentín			
Tú mismo		12	
Pareja		12	
Hijos (Sumar el regalo de todos entre 12)		12	
Suegros y padres		12	
Hermanos y cuñados (Sumar el regalo o gasto de todos entre 12)		12	
Colaboradores, clientes y amigos del negocio (Sumar el regalo o gasto de todos entre 12)		12	
Otros		12	
		Total	$

Alcanza tus sueños

Total de ingreso requerido para satisfacer el plan
de necesidades económicas del estilo de vida "A"

1. Gastos mensuales de sobrevivencia $_____
2. Gastos familiares mensuales $_____
3. Gasto mensual de transportación $_____
4. Gasto mensual de representación $_____
5. Diversiones y vacaciones $_____
6. Otros gastos mensuales $_____
7. Gastos afectivos (regalos y fiestas) $_____

Total de ingreso requerido como mínimo mensualmente
sin tomar en cuenta metas para satisfacer tu estilo de vida "A"

$	

Total de ingreso requerido como mínimo mensualmente
sin tomar en cuenta metas para satisfacer tu estilo de vida "A"

Egresos mensuales	
Ingresos mensuales	
Diferencia a favor o en contra	

Total de ingreso requerido como mínimo mensualmente
tomando en cuenta la primera meta del estilo de vida "B"

Valor de mi estilo de vida "A"	
Presupuesto para meta (ahorro)	
Total de egresos	
Ingresos mensuales	

Aumento en producción equivalente a

$	

Bien, el presente ejercicio nos permite varios puntos de análisis y reflexión:

a) Puede ser que tengas un déficit o un superávit en tu economía personal, probablemente lo sospechabas, pero ahora lo has comprobado.

b) No importa cuál es el resultado, si te falta o sobra dinero, está bien. Simplemente conocemos hoy el punto de partida hacia tus metas (estilo de vida B).

c) Gastamos mucho más dinero del que pensamos, y es que se nos olvida que vivir como vivimos tiene un costo.

d) Hay ocasiones en que sumamos nuestro ingreso anualizado y nos preguntamos: ¿dónde está el dinero?; trabajo mucho y parece que no avanzo, ¿qué hice con él? El análisis supone que lo que hiciste fue... gastarlo.

e) Valoramos poco el estilo de vida que tenemos, disfrutamos poco de nuestra cotidianeidad, valoremos más la vida que nos damos.

Si tienes un superávit en tus finanzas personales, te felicito, estás listo para ahorrar y trabajar de inmediato en tu estilo de vida "B", por lo que deberás regresar a tu lista de deseos del Tener y pasar al siguiente capítulo.

Si, por el contrario, tienes un déficit en tu economía personal, no te angusties. Por un lado, es hasta cierto punto normal que nos excedamos; por otro lado, has logrado vivir hasta hoy "arrastrando" ese déficit, y resulta esperanzador que aunque probablemente nunca antes habías estado dispuesto a hacer algo concreto al respecto, ahora sí estás dispuesto, por lo que ya tienes un gran camino andado.

Lo primero que podríamos suponer respecto de tu déficit es que "hay que gastar menos", aun cuando es una opción, la más barata y corta, definitivamente no te la recomiendo, ya que sería tanto como "bajar tus sueños a la altura de tus bolsillos".

Si bien es cierto que puede faltarte disciplina en recortar aquellos gastos que en realidad "no valen la pena", el punto es que ésta es tu realidad tal como hoy la vives, y cualquier cosa que dejes de comprar te cobrará la factura en frustración. La solución realmente no es gastar menos, sino "producir más".

Déjame subrayar el asunto de la frustración, porque hemos establecido que tus metas serán logradas con todo tu genio (toda tu alma), y si te limitas en cosas importantes para ti, irremediablemente irás acumulando pequeñas frustraciones cada día, si bien es cierto que puedes vivir sin muchas de las cosas que hoy disfrutas, también lo es el hecho de que un genio frustrado trabaja con menos energía emocional disponible.

Si el camino que decides es el del "recorte", analiza pues, de tu gasto cotidiano, aquellos elementos de los que podrías privarte sin que realmente fuera importante para ti. No toques por ningún motivo aquellos satisfactores que tienen que ver con tu familia, con tu descanso o con tu diversión, ya que eso justamente es lo que más frustra a tu genio; recorta sólo las cosas banales de tu economía personal.

Tampoco "trates de engañarte", no es suficiente dejar de vacacionar con la misma frecuencia; estarías llenando un vacío con la tierra que sacas de otro. Repito, la respuesta es "producir más".

Cuando tengas ya el posible y austero recorte de trivialidades, vuelve a establecer con exactitud tu balance económico:

Egresos mensuales	
Ingresos mensuales	
Diferencia a favor o en contra	

Menos banalidades y pequeñeces a las que estás dispuesto a renunciar sin cargo de frustración _____

Déficit mensual

$

Con este nuevo análisis tenemos una realidad clara, hay que trabajar menos y producir más, y le pediremos a nuestro genio que nos ayude a nivelar el flujo económico cotidiano como primer deseo de nuestra lista del Tener.

Recuerda que nuestro genio no sabe trabajar por dos metas de la misma lista al mismo tiempo, por lo que no harás absolutamente nada por tu lista del Tener hasta que no hayas balanceado tu economía, y consolidado al menos tres meses consecutivos tu flujo de dinero.

Ésta sería pues la prioridad de tu genio. Sé que podrás estar pensando: "Bueno, Helios, pero, ¿de dónde quieres que saque esta cantidad mensualmente? Y es normal que pienses así, porque ahora esa cantidad forma parte de tu irrealidad, pero no te angusties, ésa es justamente la especialidad de tu genio: brindarte sugerencias y acciones creativas que te permitan mejorar tu condición de vida.

Por último, y antes de pasar al capítulo referente a los pasos de la fijación de metas, no podemos pasar por alto la posibilidad de que hoy mantengas deudas, ya sea con créditos corrientes en instituciones o con préstamos personales de amigos o familiares.

Si algunas, como el pago de la mensualidad del coche, ya están incluidas en tu análisis de realidad tipo "A", procura ir pagando de acuerdo al plan mismo, pero es factible que tengas otras deudas diversas que no contemplaste.

Al respecto tienes dos alternativas:

a) Antes que nada no te angusties, no es delito deber (delito es no pagar), habla con todos y cada uno de tus acreedores y reconoce las deudas que tienes.
b) Las deudas en sí mismas, no son prioridad en este momento de tu vida, antes de pagarlas deberás satisfacer al 100% tu estilo de vida "A". Esto puede parecer mezquino e irresponsable, pero no es así. Cuando tu estilo de vida esté fortalecido, tu genio también lo estará, por lo que la segunda

prioridad en tu lista del Tener o la primera en la lista del Hacer, será justamente pagar tus deudas, y contarás en ese momento con tu mejor aliado fortalecido y palpitante... tu genio interno.

Lo que resulta indispensable es que no permitas que tus deudas crezcan, por lo que, antes que nada, deberás:

1. Cancelar y romper tus tarjetas de crédito (al menos durante los tres meses de consolidación, ten la disciplina de no utilizarlas).

2. Evitar nuevos endeudamientos, ya sea la compra de esa fabulosa aspiradora que te ofrecen en tu domicilio, o la tan anunciada campaña de "abonos chiquitos" que parece tan adecuada para obtener un extra que hoy tampoco forma parte de tu estilo de vida "A". Si realmente quieres ese satisfactor que te venden en tu vida deberás apuntarlo en tu lista del Tener y esperar a que llegue su turno en las prioridades de tu genio.

3. Sumar los posibles intereses mensuales que tus créditos supongan y agrégalos al déficit que tienes que producir mensualmente dentro de tu primer meta del Tener.

4. Si de plano tienes alguna deuda gigantesca o mal contratada (con un agiotista, por ejemplo, y a intereses diabólicos) es ésa la única razón por la que sí podrías permitirte cancelar todos tus extras de estilo de vida "A", a cambio de cancelar dicha deuda como primerísima prioridad. Pero sé realista, si a pesar de cancelar todos esos extras no puedes cancelar la deuda gigantesca, no acumules frustración en forma ociosa, y sitúala como prioridad de tu lista del Hacer, recuerda que tu genio puede trabajar al mismo tiempo por un deseo de cada lista.

5. Los expertos recomiendan que, una vez nivelada tu economía, destines 10% de tus ingresos al pago de deudas, abonando a cada uno de tus acreedores una cantidad proporcional al importe total de tus deudas. Claro, siempre tendrás la opción de colocar el pago de tal o cual crédito en tu lista del Hacer.

LAS PROPIAS METAS IMPULSAN METAS

Todos los seres humanos nos trazamos objetivos, la pregunta es: ¿has logrado todas las metas que te has propuesto?, o por lo menos, ¿estás cerca de lograr la mayor parte de dichas metas? La respuesta seguramente es "NO". Y existen buenas razones para justificar el resultado.

Mucho del problema de por qué no logramos todas las metas que nos fijamos, ya quedó explicado en capítulos anteriores. Es tu genio interno el encargado de su logro y no sabemos comunicarnos con él en su propio lenguaje y estructura.

Por supuesto que al no lograr una meta se generan consecuencias. De entrada, la frustración de haber querido algo y no obtenerlo, pero más aún, el impacto a la autoestima al establecer nuestra aparente capacidad de producción de sueños, lo que poco a poco va gastando nuestro entusiasmo haciendo un círculo vicioso que nos lleva a no soñar más, entonces anquilosamos la creatividad y detenemos nuestro crecimiento personal.

En la medida en que ayudemos al genio proponiéndole metas "bien establecidas" y vayamos sumando resultados positivos sobre el avance y logro de las mismas, iremos también fortaleciendo la capacidad de transformar nuestra irrealidad, ya que alimentaremos de emociones positivas nuestra alma.

Vince Lombardi, uno de los más grandes entrenadores de campeones de la historia, lo diría así:

> "Usted se sorprendería de cuánta confianza da un poco de éxito".

Y, ¿acaso no es verdad?, ¿no nos entusiasman esos 825 gramos que perdimos después de 6 días de dieta y disciplina?, ¿no son, justamente, uno de los principales motivadores para "resistir" la siguiente semana de esfuerzos? Pues bien, como el mismo Lombardi diría: "Triunfar también es un hábito, un hábito que puede reorientar su vida... haga usted el hábito de vencer".

El método que a continuación te propongo, funciona, pero como cualquier tratamiento, depende de ti, de que lo cumplas a cabalidad:

Pasos de la fijación de metas

1. Definir clara y específicamente, ¿cuál es la meta?

Quizá, éste sea uno de los obstáculos más fuertes en cuanto a situarnos en el crecimiento que, supuestamente, queremos para nosotros.

No somos específicos, pues decimos: "Mi meta es tener mucho dinero". ¡Perfecto!, pero... ¿cuánto es mucho dinero?, para algunas personas $1,000 es mucho, para otras $10,000 es mucho y para otras $100,000 es mucho.

Es más, para nosotros mismos "mucho dinero" es algo completamente diferente de acuerdo con la situación específica de la que se trate. Si yo te dijera: "Vas caminando por la calle y te encuentras una maleta con "mucho dinero". ¿Cuánto había en la maleta? Sin embargo, si yo te digo que hay que pagar $5,000 mensuales por la colegiatura de tu hijo en preprimaria, probablemente vociferes a tu esposa, ¡pero eso es "mucho dinero"!

Así pues, nuestra mente no puede trabajar en forma productiva y proactiva si no tiene un objetivo claro y específico. Si tu meta es tener un automóvil, debes dejar claro: ¿qué auto?, ¿qué modelo?, ¿qué color?, ¿con qué equipo?

Si tu meta es un viaje, establece a qué lugar deseas ir, por cuánto tiempo, en qué condiciones económicas con qué presupuesto para gastos, etcétera. De igual forma, es muy importante que consideres iniciar el enunciado de la meta con la frase:

"Mi meta es", seguida inmediatamente con la palabra "Tener", "Ser" o "Hacer", de acuerdo con la lista de sueños con la que estés trabajando.

De tu lista del Tener, toma tu primer sueño y conviértelo en meta, redactando un enunciado con lujo de detalle, a prueba de tontos, recuerda pedir exactamente lo que quieres recibir, y tómate todo el tiempo que necesites para conceptuar tu sueño como una meta. Parte del trabajo de investigación será sobre la manera más viable de costear en términos concretos el valor económico de tu meta:

Ejemplos:

"Mi meta es **tener** un automóvil Mercedes-Benz E 500 B4 modelo 2013, color negro con 8 cilindros, transmisión automática, interiores en piel y equipamiento de súper lujo, con valor aproximado de $155,000 dólares americanos".

"Mi meta es **tener** la cantidad de $3,825 pesos adicionales a mi ingreso actual para nivelar el déficit de mi economía personal y satisfacer a plenitud mi estilo de vida "A".

"Mi meta es **tener** una casa propia en la colonia Pedregal de Santiago, con una superficie de terreno de 650 metros cuadros y una construcción de semilujo de aproximadamente 425 metros cuadrados, con tres recámaras con baño, sala, comedor, cuarto de servicio, instalaciones completas, despacho o biblioteca, espacio para tres autos y sistema de calefacción general y automatizada, todo con un valor aproximado de $4,350,000 pesos".

"Mi meta es **hacer** un viaje de dos semanas en primera clase a Las Vegas, Nevada, acompañado de mi esposa, con un presupuesto de 2,500 dólares para apuestas y 2,500 para caprichos, todo con un costo aproximado de $16,500 dólares".

"Mi meta es **ser** uno de los 5 conferencistas motivacionales de mayor prestigio en América Latina, lo que implica impartir por lo menos 10 conferencias masivas al año para una audiencia acumulada de no menos de 8,000 participantes anuales, en por lo menos en 8 países de habla hispana"

**En un enunciado específico redacta:
¿Cuál es mi meta?**

_____

_____

_____

_____

_____

_____

_____

2. Definir en qué tiempo límite se debe cubrir

Un segundo "grave" problema es que, en ocasiones, aun cuando sabemos qué queremos, no somos específicos al definir "para cuándo lo queremos". El no determinar o desconocer la fecha exacta en que debemos obtener lo que queremos, le impide al genio trabajar en forma sistemática y progresiva en el logro de dicho objetivo, amén por supuesto de la mala redacción provocada por el desconocimiento del tiempo kayros que rige la estructura del genio y del que hablamos en capítulos anteriores.

No establecemos planes de acción y, con el tiempo, la poca motivación que nos proporcionaba saber que queremos lograr una meta, se va convirtiendo en frustración al no sentir que avanzamos en su consecución.

Sin límite de tiempo puedes recibir, por ejemplo, tu Mercedes-Benz 2008, pero el 30 de diciembre de 2018, y no hay forma de que le "reclames" a tu genio porque él te dio lo que pediste, sólo que nunca le dijiste para cuándo lo querías. Por otro lado, te recuerdo la estructura conceptual del tiempo de tu genio interno: si tú escribes "dentro de dos años", estarás condenado a no obtener tu deseo, ya que tu genio funciona sólo en el aquí y ahora, y deberás darle un mandato específico en materia de tiempo: "Para el 15 de octubre de 2013 antes de las 13:00 pm"), ésta es una cita que hace referencia clara a tu genio, respecto de cuándo debe entregarte el deseo que le solicitas.

Al momento de "armar" la meta puedes optar por escribir la fecha exacta de consecución, después de las palabras "mi meta" y antes de la palabra Tener, o bien, puedes agregar la fecha al final del enunciado descriptivo de tu meta.

Depende de qué tanto prefieras trabajar por presión o por sublimación. Esto es, si reconoces que la presión te funciona más, comienza el enunciado con la fecha de término, si, por el contrario, prefieres trabajar por la motivación e ilusión implícita en el logro del objetivo, sitúa el enunciado del mismo antes que la fecha. Para fines prácticos el camino es el mismo, pero te fortalece más identificar si tu motivación es la presión o la sublimación. En la mayoría de las metas de la lista del Tener, personalmente prefiero iniciar con la fecha.

Mi meta para el 19 de agosto de 2013,
antes de las 12:00 horas, es ***tener*** *un automóvil*
Mercedes-Benz E 500 B4 modelo 2013,
color negro con 8 cilindros, transmisión automática,
interiores de piel y equipamiento de súper lujo con valor aproximado
de $155,000 dólares estadounidenses.

Mi meta es ***ser*** *uno de los 5 conferencistas*
motivacionales de mayor prestigio en América Latina,
lo que implica impartir por lo menos 10 conferencias
masivas al año para una audiencia acumulada de
no menos de 8,000 participantes anuales, en
por lo menos en 8 países de habla hispana.
Esto sucede sistemáticamente en mi vida
antes del 31 de diciembre de 2014.

¿Específicamente para cuándo quiero obtener mi meta?

_____

_____

_____

_____

_____

_____

_____

3. Establecer compromisos y precio a pagar

Éste es un momento de negociación consigo mismo. Desde un punto de vista perfectamente realista (en tu realidad "A"), debes analizar con exactitud lo que implicaría, en términos de trabajo, esfuerzo y tiempo, lograr la meta tal como te la has planteado. Por supuesto que el logro de la meta implica un justo precio a cambio, éste a veces representa estrés o menos tiempo de convivencia con la familia, acortar descansos, evitar malos hábitos... en pocas palabras, exige modificar nuestra realidad a cambio de trabajar por la irrealidad. En ocasiones el precio lo paga también la pareja o los hijos, la familia en su conjunto, y no está tan mal, después de todo, también ellos disfrutarán de la meta cuando ésta forme parte de la realidad. Por supuesto que hay límites respecto del precio que hay pagar que, probablemente, no estés dispuesto a atravesar, ni yo te recomendaría hacerlo.

Seguimos con el ejemplo de tu coche: pensemos que su valor económico es de $65,000 dólares y quieres estrenarlo el día de tu cumpleaños, dentro de 11 meses. Esto implicaría producir un mínimo de $5,909 dólares mensuales completamente adicionales a lo que hoy produces para sufragar los gastos de tu estilo de vida "A". Si le pedimos a tu genio que produzca esta cantidad mensualmente, seguro sería capaz de darte opciones, "realmente no es tan complicado" —te diría el genio—

"solamente implica generar $196 dólares diarios", y buscaría la forma práctica para lograr dicha productividad.

Quiero recordarte aquella excelente escena de la película *A toda máquina* en la que el esposo de la conserje del edificio en el que habitan Pedro Infante y Luis Aguilar, interrumpe en varias ocasiones con la frase: "Ya llegué, vieja"..., y después de dos o tres minutos, vestido con uniforme de otro oficio, corriendo atestaba un: "Ya me voy, vieja". Si recuerdas bien la película, escenas adelante vuelve a repetir el ritual "ya llegué, vieja", "ya me voy, vieja".

Por supuesto que ese hombre trabajaba arduamente y con extraordinario entusiasmo, incluso, se colocó en tres o hasta cuatro empleos diferentes, pero el tiempo que pasaba con su familia se limitaba a unos pocos segundos al día.

¿Realmente estás dispuesto a dedicarte mes tras mes, semana tras semana y día tras día a conseguir lo que quieres?

¿En verdad estás dispuesto a producir diariamente un mínimo adicional de $196 dólares?

¿Si por alguna circunstancia no lograras el mínimo de hoy, estarás dispuesto a producir $392 mañana?

Es decir, tenemos que poner en la balanza nuestros sueños e ideales y lo que estamos dispuestos a hacer para lograrlos, desde un punto de vista objetivo, de lo contrario, nos frustraremos enormemente y no alcanzaremos nuestra meta. O corremos el riesgo de desestabilizar nuestra vida.

En el mismo ejemplo anterior, vemos que puede ser posible que estemos dispuestos al esfuerzo diario. Una alternativa es que fortalecieras las ventas de la empresa para la cual trabajas y que destinaras dos o tres horas diarias de tu tiempo a generar ventas. El otro camino podría ser conseguir un segundo empleo, o tal vez un tercero, es decir, tu genio te daría las alternativas posibles, pero las implicaciones en tu salud, vida social y familiar no serían tomadas en cuenta. Perfecto, "estoy dispuesto y motivado", "acepto el precio a pagar", pero esas tres o cuatro horas diarias adicionales de las que hablamos, hoy las destinamos a nuestros hijos, a nuestra pareja, a nuestra salud, etcétera. ¿Estarán ellos dispuestos a que sacrifiquemos su tiempo por nuestra meta? ¿Realmente no nos sentiremos culpables y frustrados al saber que estrenaremos auto en once meses a cambio de no convivir con ellos?

He aquí la importancia del tercer paso: "Establecer compromisos y precio a pagar". Si no estás plenamente de acuerdo con los compromisos que adquieres para con tu meta, no la vas a lograr. Te vas a presionar aumentando tu estrés y, eventualmente, la falta de resultados te harán sentir frustrado. Como resultado abandonas la meta, como ha pasado con tantas otras en tu vida.

Si te permitieras estresar tanto tu cotidiana forma de trabajo, seguramente bajaría tu calidad de vida, por lo que tendrías que pagar también un precio en cuanto a frustración emocional, lo que mermaría la potencia de tu genio (alma) y dificultaría, irremediablemente la consecución de tu sueño, llevándote al fracaso y a la frustración que esto implica.

La cuestión relevante en este punto es que, al momento de escribir tu deseo, éste dejó de ser fantasía para tornarse en sueño, y no puedes, ni debes renunciar a él por ningún motivo, porque tu genio "ya se enteró" de tu deseo y ahora… lo tienes que lograr o aprender a vivir con un sentimiento de fracaso permanente.

> **"Atrévete a soñar lo que estés
> dispuesto o dispuesta a lograr."**

No te angusties, simplemente tendrás que ajustar los tiempos o formas, pero sin disminuir la calidad del sueño, para realizarlo debes convertirlo en meta, y ésta sí puede ser flexible. Tienes dos alternativas:

- a) Aumenta el tiempo en que debes obtener la meta en cuestión. Si en lugar de estrenar el coche el día de tu cumpleaños 35, lo estrenas el día de tu cumpleaños 36, automáticamente estás disminuyendo a más de la mitad el precio cotidiano que tendrías que pagar a cambio, con la conciencia de que respetando el plan de acción, sin duda alguna, obtendrás tu sueño.

b) La otra opción es "engañar un poco a tu mente consciente con el poder del lenguaje genio", y partir la meta en objetivos, esto es, la meta dice que para el día de tu cumpleaños 35 debes *tener* ese auto, pero en ningún lugar de la redacción de la misma dice que *debe estar completamente pagado*.

Bajo este "autoengaño consciente" puedes lograr una primera meta del Tener: "tener el auto" y, una vez lograda ésta, diseñar una segunda meta del Hacer: "terminar de pagar completamente el auto", lo que te permitiría contar con 11 meses para reunir solamente 25% del valor del bien, equivalente al enganche del mismo, y aceptar un crédito a equis número de meses para terminar de pagar el auto. Así pues, el objetivo representa ahora la cantidad de $16,250 dólares en once meses, $1,477 mensuales y sólo $49 dólares diarios, por lo que, seguramente, desde el enfoque realista es mucho más probable que tu esquema de vida te permita comprometerte realmente por esta cantidad, sin sacrificar demasiado tu calidad de vida, tu salud, tu familia u otros intereses. Entonces, no estás "bajando" tus sueños al tamaño de tus bolsillos, la meta prevalece, pero estás administrando tus compromisos y energía de tal suerte que realmente potencialices tus esfuerzos y te mantengas motivado y productivo al ir encontrando resultados paulatinos.

Lo fantástico en este ejemplo es que "una meta jala a la otra". Una vez que estrenas el auto tu genio se fortalece, y para haber logrado el objetivo durante 11 meses tuvo que hacer más productiva tu realidad "A", lo que implica que en el mes 12 o 13 seguirás con una inercia productiva, el pago de la mensualidad del crédito en cuestión en poco tiempo se convierte en un renglón más de tus gastos cotidianos "de tu estilo de vida "A" que, sin duda, tiene ahora más calidad que tu estilo de vida "A" de hace 11 meses. Lo anterior, deja espacio a tu genio para continuar trabajando en la lista de sueños y metas, buscando otras realidades que estarán en tu vida "B", lo que te permite también entender con claridad resultados de crecimiento sostenido en el transcurso del tiempo y, sin duda alguna, fortalece nuevamente tu capacidad creadora.

**Redefine tu meta y el lapso
de tiempo para lograrla**

_____

_____

_____

_____

_____

_____

_____

4. Estructura un plan de trabajo con diferentes objetivos

Con la meta ya "armada" y con el análisis de la factibilidad del precio a pagar a cambio, el siguiente paso radica en establecer un plan de acción claro y específico, con tareas perfectamente cuantificables y con la redacción exacta de ¿qué es lo que tengo que hacer?, y ¿para cuándo tengo que hacer cada cosa?, de tal suerte que pueda "dibujar" un mapa que, paso a paso, me lleve a mi meta, un plano de construcción "ladrillo por ladrillo" de la edificación de mi proyecto.

Lo anterior, además de facilitarme la tarea, me permitirá tener un punto referencial de avances actualizado cada día, de tal manera que a diario estoy obteniendo un pequeño "pedazo" de mi meta a futuro y cada día me motivo para lograr el consecuente avance. En pocas palabras, siento que diariamente me voy acercando a mi meta y redoblo esfuerzos.

En caso de que el plan de avances no estuviera a la altura de lo diseñado y sobre la marcha me vaya "atrasando", siempre me puedo permitir: redirigir mis esfuerzos o redoblarlos. En cualquier caso, ya sea que vaya logrando o no avanzar, la responsabilidad del logro de mi meta ya no estará nunca en manos ajenas, yo siempre tendré conciencia y control de qué está pasando y qué quiero que pase.

El plan de acción, desde luego, tiene que ser lo más explícito posible y contener claramente las dos condicionantes que hemos establecido: ¿qué debo hacer?, y ¿para cuándo debe estar listo? Y, por supuesto, no es tan elemental como dividir el importe económico entre el número de días para reunirlo, este dato sólo señala una dirección, pero existen muchas cosas que no necesariamente tienen que ver con dinero y se deben hacer para que la meta se ejecute.

Permíteme darte un ejemplo:

Plan de acción

Mi meta para el 24 de diciembre de 2013,
*antes de las 12:00 horas, es **tener** un*
automóvil Mercedes-Benz E 500 B4 modelo 2013,
color negro con 8 cilindros, transmisión automática,
interiores de piel y equipamiento
de súper lujo con valor aproximado
de $155,000 dólares estadounidenses.

Lo creo y me doy permiso...
y porque lo creo así es.

Acción en concreto	Fecha
1. Cita en la agencia de autos para conocer el coche y los planes de financiamiento.	Lunes 8 de enero
2. Conseguir folletos y fotos del coche para "programación mental".	Lunes 8 de enero
3. Determinar con exactitud los compromisos económicos de cada mes, semana y día.	Miércoles 10 de enero
4. Abrir un contrato de autofinanciamiento que me obligue a ahorrar mensualmente la cantidad adecuada.	Viernes 11 de enero
5. Firmar el contrato en cuestión y pagar la primera mensualidad.	Antes del 28 de febrero
6. Buscar alternativas de negocios alternos que pueda ejecutar en "horas extras" para lograr esos ingresos.	Antes del 15 de enero
7. Hacer cita con mi gerente de ventas para que me ayude a establecer un plan de trabajo específico...	Antes del 20 de enero
8. Darme de alta como vendedor en la compañía perengana y recibir la capacitación básica o iniciar activamente aquel multinivel que me han propuesto...	Antes del 15 de febrero
9. Visitar a tres prospectos cada día a partir del día...	16 de febrero
10. Hacer otros trámites.	

Redefine tu meta y el lapso de tiempo para lograrla

Acción en concreto	Fecha
1.	
2.	
3.	
4.	
5.	
6.	
7.	
8.	
9.	
10.	

Recuerda que estos formatos están disponibles
para ti en la página de mi consultoría:
www.hhconsultores.com

5. Programa a tu genio

Bajo una óptica representativa y básica, podríamos dividir la mente humana en dos: mente consciente y mente inconsciente.

La mayor parte del tiempo vivimos en la mente consciente, pero bajo los lineamientos y mandatos de la mente inconsciente, esta última tiene a su vez dos tareas de ocupación: regir los actos cotidianos de operación del individuo y reaprender paradigmas al percibir la realidad.

Muchas de nuestras metas no se logran porque no trabajamos a fondo con nuestra mente inconsciente. A lo largo de los años, ésta ha ido aprendiendo a no lograr todo lo que quisiéramos, existen en ella una serie de programaciones y paradigmas, de los que ya hemos hablado que nos frenan, desde pequeños: "no se puede", "no lo hagas", "eso no", "confórmate", hasta mensajes traumáticos que están arraigados en el inconsciente y que tenemos que vencer.

Por otro lado, es justamente la mente inconsciente, a través de nuestro genio, la que proporcionará la energía y respuestas creativas para el logro de nuestras metas, pero hay que alimentarla.

Para facilitar el entendimiento de lo anterior, imagina que tu mente inconsciente fuera una computadora. Hace algunos años, se instalaron ciertos programas en ella, mismos que, en su momento, probablemente, funcionaban. Hoy, esas programaciones son completamente obsoletas y el procesador de la computadora tiene que brindar soluciones a problemas y expectativas de hoy, pero basado en información de ayer, muy arraigada.

Lo primero que tenemos que lograr a nivel inconsciente es que tu mente reconozca como *POSIBLE* el hecho de que esa meta forma parte de tu realidad. Pero de acuerdo con su estructura en espacio-tiempo, es decir, esa meta "ya está lograda", no es algo que vas a lograr en el futuro, sino que en el futuro ya está lograda.

¿Recuerdas el ejemplo de nuestra vida en una cinta de video?, ¿en la que al regresar unos cuantos minutos la cinta encontrabas, con toda certeza, esa imagen de ti mismo a los 6 o 7 años de edad, y que esa certeza la aceptaba tu cerebro como realidad mental? Esa imagen no existió..., esa imagen existe sólo en la estructura de tu genio.

Pues bien, lo mismo hay que hacer con tu meta hacia el futuro, logra un modelo mental, una imagen conceptual de ti mismo disfrutando de tu meta lograda, de tal forma que si yo adelantara unos minutos la cinta de video de tu vida, simplemente, te encontraría disfrutando de tu meta y no existiría duda alguna respecto de la realidad mental de que esa escena está ahí, esperando solamente a que termines tu plan de acción y a que la alcances en tu línea del tiempo.

"Tu meta no va a existir en el futuro... ya existe".

Sé que lo anterior pudiera parecerte una charlatanería y algo poco probable, pero te puedo asegurar que realmente funciona, ¿vuelves a jugar conmigo?

Imagina con todo tu ser que frente a ti tienes un enorme y bello limón, de esos de importación, grande jugoso y apetecible. Imagina ahora que lo partes a la mitad, exprimiendo todo su jugo lentamente sobre tu lengua, incluso, puedes sentir el contacto de cada gota y saborearla, lo oprimes fuerte y sientes un chorro constante lleno de sabor en tus labios... nuevamente cierra este libro y has el ejercicio mental.

Si jugaste conmigo en este momento estás salivando, sentiste varios piquetes debajo de tu lengua y, a lo mejor, hasta oprimiste las comisuras de la boca con tu mano.

La pregunta sería, ¿este limón existe? —piénsalo—, ¿realmente existe?

¡Claro que existe!, no es una realidad física, pero sí una realidad mental. A tu genio no le resulta importante en qué plano exista el limón, lo cree una realidad al grado que ordena una serie de cambios a nivel fisiológico, impulsos eléctricos motivan la estructura de tus neuronas y mandan las órdenes pertinentes a tus glándulas salivales para segregar lo que prepara tu anatomía al contacto del ácido cítrico, requieres saliva para neutralizarlo y que no lastime demasiado las mucosas de tu boca ni de tu estómago. Todo un proceso fisiológico inconsciente pero tangible es desencadenado a partir de esta realidad en tu cerebro, a partir de una simple imagen que has decidido creer como realidad mental.

Permíteme ser reiterativo: lo primero que necesitas es una realidad mental, una imagen mental de tu propia persona disfrutando enormemente tu meta lograda. Un condicionamiento mental que no deje espacio a la duda… "Si adelanto la cinta del video de tu vida, con toda certeza debo ver la escena donde estás disfrutando de tu meta dentro de tu estilo de vida "A".

A partir de esa realidad mental, el genio, a través de tu cerebro, iniciará un impactante proceso químico y fisiológico, que a la postre estimula la estructura creativa y establece impulsos eléctricos mediante todas las conexiones entre neuronas, facilitando cambios a nivel fisiológicos, pero también a nivel de tu sistema de creencias. Logrado este nivel de programación, tu inconsciente será tu primer aliado en la consecución progresiva de tu plan de acción, y trabajará en forma creativa para lograr tus metas.

¿Te ha pasado que te duermes con un problema en tu mente y despiertas con la solución?

¡A eso nos referimos! Tu inconsciente realmente nunca descansa, sigue trabajando incluso cuando duermes, así pues, cuando éste entienda tu meta como una realidad, eventual y poco a poco irá solucionando problemas y brindándote ideas para lograr tu objetivo, a fin de brindarte también la energía y motivación adecuada cuando más la requieras.

No basta con crear la imagen mental de ti mismo logrando tu meta, hay también que convencer a tu genio de que es una realidad tangible en un futuro alternativo cercano. A esto le llamaremos *programar* a tu genio; así como una computadora es tan perfecta como las instrucciones que programemos en ella, nuestro genio será impecable respecto de la información que le brindemos y a la certeza que le transmitamos, debemos convencernos realmente del asunto.

Hay dos técnicas prácticas de programar a tu genio:

- a) Fuerte impacto
- b) Repetición espaciada

a) Fuerte impacto

Aquellos sucesos drásticos que suceden en forma fortuita, inesperada y que impactan fuertemente nuestra conducta o apreciación de la realidad, serán tomados en cuenta por tu mente inconsciente con especial interés y dejarán huella modificando tu sistema de creencias.

b) Repetición espaciada

Aquella información que proporcionamos progresiva y sistemáticamente a nuestra mente inconsciente desde nuestra mente consciente, terminará por entrar en la primera y actualizar patrones de percepción de la realidad y conducta anteriores modificando tu sistema de creencias.

La forma que está a nuestro alcance para provocar nuevas programaciones en nuestra mente inconsciente es la segunda, la repetición espaciada, en forma consciente podemos enviar mensajes continua y sistemáticamente a nuestro inconsciente referentes a la realidad y realización de nuestros objetivos.

PASOS PARA LA PROGRAMACIÓN DE TU GENIO

1) Redacta en una tarjeta de metas el enunciado claro y contundente sobre ¿cuál es tu meta? Recuerda usar el lenguaje y la estructura de tu genio.

2) Incluye en ese enunciado la fecha de consecución.

3) Redacta el enunciado de forma que dé a entender "que ya lograste" la meta, no que "la vas a lograr".

4) Consigue una fotografía de tu meta en la que puedas "incluirte", por ejemplo, ve a la agencia de autos y saca una foto tuya dentro del auto que quieres, o juega con la computadora. La tecnología disponible te puede permitir una imagen de casi cualquier cosa, puedes situarte dentro de cualquier realidad.

5) Redacta un enunciado que dé testimonio consciente en términos de realidad, es decir, afirma que tu meta ya está lograda y cómo te sientes al respecto.

6) Comprométete firmando esta tarjeta, es recomendable, incluso, que compartas tu meta con alguien importante para ti y que esta persona también firme la tarjeta.

En este punto cabe aclarar que la intención de la tarjeta de metas no es ir por la vida presumiendo que tienes una meta o una tarjeta, ya que sólo

El 24 de diciembre de 2013, antes de las 12:00 horas, celebro que soy el orgulloso tenedor de un automóvil nuevo Mercedes-Benz E 500 B4 modelo 2013, color negro con 8 cilindros, transmisión automática, interiores en piel y equipamiento de súper lujo con valor aproximado de $155,000 dólares estadounidenses.

Lo creo y me doy permiso, y porque lo creo, así es.

podrías presumir de eso... "tienes una meta o una tarjeta", lo que quieres tener realmente es una realidad, no una meta. Si te la pasas presumiendo y disfrutando sólo de la meta cambiarás la frecuencia eléctrica en tu cerebro, te sentirás orgulloso(a) por haber hecho la tarea y aterrizar el método en un documento tangible, lo que te hará sentir bien, pero puede ser que te sientas "suficientemente bien" como para "no necesitar realizar la meta". Las metas no se presumen hasta que no son realidades. Compártela sólo con alguna persona de mucha confianza para ti, la intención es que esa persona pueda convertirse en tu aval moral y pueda, de cuando en cuando, preguntarte cómo vas y qué ha pasado.

7) Lee en voz alta "tu meta" cuantas veces te sea posible durante el día, dale muchos impactos, muchas repeticiones a tu mente inconsciente.

8) Lee tu meta al despertar antes de cualquier otra actividad. En ese momento tu mente está regresando a vigilia y es mucho más susceptible a alimentar la mente inconsciente.

9) Lee tu meta antes de dormir como última actividad del día. Es cuando tu mente inconsciente quedará "trabajando" y lo hará con la última información que reciba.

A lo largo del día, cuanto más puedas, lee tu meta, de preferencia en voz alta, la intención es darle tantos impactos a tu genio hasta el punto en que llegue a confundir la realidad tangible con la realidad mental y, bien a bien, no sepa si la información está en el consciente o en el inconsciente o en ambas partes.

Además, el método no sólo te permite la programación del inconsciente, también opera sobre tu consciente en momentos de flaqueza o poca voluntad.

Pensemos, por ejemplo, que tu meta es bajar de peso, tener y disponer de un cuerpo sano y estético. Te has puesto plazos, has hecho tu plan de acción y cuentas con tu tarjeta de metas en la que, además del enunciado, existe un fotomontaje de ti mismo(a) con el cuerpo que quieres lucir en unos cuantos meses.

Además del bombardeo constante a tu genio, lo que permite que vaya reconstruyendo todas las células muertas a imagen de la información nueva que está recibiendo como explica el doctor Adolfo Torres en su libro *La llave de la vida y del éxito*; tu tarjeta también te permite, en momentos de flaqueza, comparar la meta que quieres obtener con el sabroso pastel de chocolate que está en la mesa, y fortalecer tu voluntad. Viéndolos juntos, pastel y meta, te permiten tomar decisiones conscientemente y poder renunciar al beneficio inmediato y placentero del pastel, a cambio de obtener el beneficio placentero y perenne del cuerpo que deseas para ti.

Otro buen ejemplo es el siguiente: eres un vendedor, tienes la meta de Tener un coche, sabes que cada día tienes que generar una venta adicional para lograr comprar tu coche en el plazo que estableciste. Es viernes, son las 5:30 de la tarde y estás en el lado sur de la ciudad, a tu celular llega la llamada de un cliente que te pide que lo visites esa misma tarde para cerrar la operación que has trabajado durante semanas, tiene que ser hoy ya que mañana a las 6:00 de la mañana tu cliente toma un avión y se ausentará tres semanas.

Sabes que tienes la opción de no aceptar la cita y de justificar ante el cliente y ante ti mismo, con un cúmulo de excusas, tu falta de acción. Aceptar la cita implica atravesar la ciudad en hora pico, entrar al embotellamiento, renunciar a la comodidad de la almohada y perder, incluso, tu programación favorita en la televisión y, por si fuera poco, sabes que la comisión que recibirás a cambio de ese contrato no es superior a 60 o 90 dólares.

Para este momento tu genio ya debe estar programado, y si no fuera así... **¡lee tu meta en voz alta antes de colgar el celular!** Seamos claros, pagar el precio del embotellamiento, la distancia y el tiempo, a cambio de 60 o 90 dólares, es algo que difícilmente haríamos. En términos normales postergaríamos el cierre de esa venta hasta el regreso a la ciudad de nuestro cliente, pero después de leer tu meta resulta que ya no vas por 90 dólares, vas por el volante de tu coche, por la salpicadera izquierda o por la llanta de refacción. El esfuerzo adicional que este ejemplo implica lo realizas a cambio de un pedazo de tu meta y no sólo por una cantidad de dinero. Además de programar a tu genio el método te invita a la acción cuando antes aceptabas excusas a cambio.

Así que modificas tu conducta, vas a la cita y vas con excelente actitud, lo que impactará tan positivamente a tu cliente, que no dudará en recomendarte con sus familiares, amigos o colegas; abres un circuito positivo generando acciones... las reacciones llegan por causa y efecto.

Redacta tu propia tarjeta de metas

_____

_____

_____

_____

_____

Foto

_____

_____

_____

Firmas			
Yo	Pareja	Padres	Hijos

Un motivo... un ¿para qué?

Por último, en el proceso de programar a tu genio, deberás dedicar tu meta a alguien que ames.

Diría Freud (y diría bien): "El ser humano no realiza conducta alguna, consciente o inconsciente, si ésta no está motivada por algo".

Para actuar necesitamos un motivo. La palabra motivación bien podríamos dividirla en dos: "motivos" y "acción". ¿Qué nos mueve a hacer las cosas?, ¿para qué o para quién?

Tienes todo listo, la carretera, que es tu plan de acción; el piloto, que eres tú mismo y tu férrea voluntad; el auto, que es el trabajo o el vehículo, a través del cual te transportarás, la meta convertida en realidad tangible en un futuro alternativo, que es el lugar al que pretendes llegar, ¿qué te falta?...

...el combustible.

Y el combustible se llama amor. El amor es la única energía que te moverá al logro de tus metas. Sé de antemano que puedes estar pensando: "Qué tipo tan cursi, cómo me viene a hablar de amor en medio de guerras, secuestros e incertidumbre. Ahora resulta que necesito amar para triunfar".

Pues sí. El amor es la única energía que te catapulta al cielo, es el combustible renovable que necesitarás día a día. En la realización de tus proyectos, más de una ocasión estarás dispuesto a tirarlo todo por la borda, habrá tardes en las que tus piernas dolerán más de lo normal, en que las cosas no funcionarán de acuerdo con tus planes, en que sentirás que el mundo entero falló en tu contra y te preguntarás si realmente vale la pena el esfuerzo, y te llenarás de dudas y de justificaciones vanas, y estarás, incluso, dispuesto a olvidar todas las reflexiones que en este libro te invité a hacer y que ya habías aceptado en tu nuevo sistema de creencias. Y querrás olvidar cómo en varios capítulos fuiste asintiendo con la cabeza mostrando tu acuerdo conscientemente, ¡vaya!, estarás dispuesto a renunciar.

En esos momentos, ni la meta ni la tarjeta ni la lectura completa de éste o de algún otro libro te hará reencontrar el camino y la disposición. Serán sólo los ojitos de tus hijos llenos de luz, será sólo la sonrisa de tu pareja palpitando en tu cerebro o las tiernas arrugas de tus padres desbordadas de orgullo al saberte hacedor de tus propios sueños, será tu propia imagen en el espejo, con la columna erecta y fortalecida de satisfacción al haber ampliado tus expectativas personales, al haber elevado tu realidad al tamaño de tus sueños, en lugar de disminuir tus sueños al tamaño de tu realidad. Será, en suma, el amor a alguien, el amor a algo, el amor que brota dentro de ti, se proyecta y regresa potenciando todo lo que eres y todo de lo que eres capaz. Es, por tanto, el amor el alimento ideal de tu genio, el alimento perfecto de tu alma, la razón, el fin y el medio de todo lo que pretendas soñar y realizar.

Una vez más, permíteme invitarte a cerrar este libro y a participar en un juego.

El juego consiste ahora en vivir, en levantar el brazo firme por encima de nuestras excusas y pretextos y atrevernos a soñar. El juego consiste en participar activamente en la consecución progresiva de lo que consideramos un ideal digno para nosotros y para la gente que amamos. La lectura de este material no aporta nada, o casi nada, comparado con todo lo que está en tus manos y bajo tu responsabilidad. Tristeza me daría saber que he ido acumulando miles de lectores. Orgullo y satisfacción plena tendré si llego a enterarme que mi invitación fue bien escrita y que, a cambio de esos miles de lectores, he podido influenciarte para despertar tus sueños y para enfrentarte a la responsabilidad de hacer de ti mismo un hacedor de sueños.

Al término, lo que realmente cuenta es lo que te está esperando en casa, la gente que amas y por la que surgen sueños en tu corazón. Es a ellos y a ti mismo a quienes realmente afectarás con tu conducta, sea cual sea ésta. Es a ellos y a ti mismo a quienes realmente deberás entregar cuentas claras de la oportunidad que recibiste de despertar cada día, durante miles de días, y respecto de tu capacidad de hacer de cada uno de éstos un esfuerzo claro, contundente, perenne y comprometido por soñar y por hacer de tus sueños realidades, por ser feliz... y por hacer que Dios te bendiga.

Así pues, cierra este libro... ¡y participa en el juego!

SEMBLANZA DEL AUTOR

Helios Herrera es consultor empresarial en Desarrollo Humano, Productividad, Metodología, Experiencia, Motivación y Procesos de Integración de Equipos de Alto Desempeño, con experiencia de más de 24 años. Autor de cuatro libros de Desarrollo Personal, cuatro audiolibros y un DVD; su más reciente libro para jóvenes ha roto records de ventas en su segmento y le valió el título de Doctor Honoris Causa por el Instituto Americano Cultural, México, 2012.

Es fundador y Director General de HHConsultores, empresa mediante la cual ha participado en el desarrollo productivo de las más prestigiadas firmas comerciales, gobiernos e instituciones sociales. Actualmente está dedicado de tiempo completo al desarrollo profesional del factor humano. Es conferencista internacional, asesor empresarial para cerca de 150 corporativos AAA en cuatro países diferentes.

Ha impartido a la fecha más de 1,800 conferencias, seminarios o talleres en diversos foros nacionales e internacionales para una audiencia acumulada de más de 2'000,000 de personas en lugares como México, Centroamérica, Estados Unidos y España, con una extraordinaria capacidad para entender las necesidades de sus clientes y adecuar los mensajes clave que desean trasmitir a sus audiencias y con una especial marca energética, intensa, altamente motivacional y con un nivel de recordación fuera de serie.

www.hhconsultores.com
helios@hhconsultores.com
@helios_herrera

Suscríbete a mi boletín electrónico,
cada mes recibirás un artículo
de mi autoría, un audio o un video
que te inviten a reflexionar
en un formato que llamo
"4 minutos para crecer"
Visita: www.hhconsultores.com
y registra tu correo electrónico.

Cada vez somos más
haciendo algo por los demás.

HHConsultores, S.C. te invita a suscribirte a un sistema de seguimiento continuo, con el que queremos acompañarte en la construcción de tus sueños y a materializar tus proyectos.

Presentando...

Club hacedores de sueños
"Atrévete a soñar lo que estés dispuesto a lograr".

La membresía exclusiva con la que disfrutas de las ideas y enseñanzas de **Helios Herrera** y sus socios estratégicos.

Al suscribirte, formas parte de este club de amigos y clientes preferentes de Helios, en donde podrás disfrutar en forma exclusiva y directa **cada mes de**:

- Videos en DVD
- Audios en CD
- Artículos y textos
- Libros de Helios y otros de sus socios

Además, en forma semestral y/o anual obtendrás precios preferenciales para conferencias y seminarios en vivo.

Obtén toda la información a detalle en: **http://www.HHConsultores.com**
Primer mes sin costo, suscríbete hoy.

Esta edición se imprimió en junio de 2013,
en Acabados Editoriales Tauro, S.A. de C.V.
Margarita núm. 84, Col. Los Ángeles,
Del. Iztapalapa, C.P. 09360, México, D.F.

www.ingramcontent.com/pod-product-compliance
Lightning Source LLC
Chambersburg PA
CBHW060833050426
42453CB00008B/671